浪漫地理学

追寻崇高景观

ROMANTIC GEOGRAPHY

in search of the sublime landscape

[美国] 段义孚 著　陆小璇 译

译林出版社

图书在版编目（CIP）数据

浪漫地理学：追寻崇高景观 / (美)段义孚著；陆小璇译.
—南京：译林出版社，2021.8 (2025.9重印)
书名原文：Romantic Geography: In Search of the Sublime Landscape
ISBN 978-7-5447-8541-9

Ⅰ.①浪… Ⅱ.①段… ②陆… Ⅲ.①地理学 Ⅳ.①K90

中国版本图书馆 CIP 数据核字 (2021) 第 072051 号

著作权合同登记号 图字：10-2023-011 号

浪漫地理学：追寻崇高景观 ［美国］段义孚 / 著 陆小璇 / 译

责任编辑 刘 静
特约编辑 童可依
装帧设计 周伟伟
校 对 戴小娥
责任印制 董 虎

原文出版 The University of Wisconsin Press, 2014
出版发行 译林出版社
地 址 南京市湖南路 1 号 A 楼
邮 箱 yilin@yilin.com
网 址 www.yilin.com
市场热线 025-86633278
排 版 南京展望文化发展有限公司
印 刷 徐州绪权印刷有限公司
开 本 880 毫米 ×1240 毫米 1/32
印 张 7.125
插 页 4
版 次 2021 年 8 月第 1 版
印 次 2025 年 9 月第 12 次印刷
书 号 ISBN 978-7-5447-8541-9
定 价 59.00 元

目　录

致　谢 *001*

序　曲 *001*

1　两极化价值 *007*

暗与光 / 乱与形 / 低与高 / 人之身 /
躯体、住宅、空间 / 社会地位 / 头脑与肌肉

2　地球及其自然环境 *029*

地球与太阳系 / 山 / 海 / 森林 / 沙漠 / 冰

间奏：健全却平凡 *109*

3 **城　市** *113*

将天堂带到人间 / 减除农业根基的牵绊 /
驯服寒冬 / 战胜黑夜 / 阴暗面 / 光明 / 黑暗 / 私人侦探

4 **人　类** *151*

美学家 / 英雄 / 圣人

终　曲 *173*

注　释 *185*

索　引 *201*

致 谢

自1998年退休以来，我已经写作并出版了八本书。若没有学部同事的帮助，我是不可能完成这么多工作的。他们给了我一个充满阳光的办公室来工作——或者应该说是游戏，因为一切都是那么有趣！我要感谢我近期的出版商，明尼苏达大学出版社、威斯康星大学出版社，以及我最新作品的出版商乔治·F.汤普森出版社。一直以来，他们都对我悉心关切。在本书的诸多编辑中，我要特别感谢拉斐尔·卡都辛、亚当·梅林、芭芭拉·隆德以及马修·科斯比。尤其是拉斐尔·卡都辛，在我提交书稿不到一个星期就把这本书列入出版计划。这对作者来说是多么大的鼓舞啊！ VII

退休往往意味着活力的减退以及生活的无趣。然而，我的生活在过去的十四年中并没有成为那样，这全要感谢那些活力四射的年轻朋友。他们是：尼克·鲍赫、楚浩禅、常超一、程志、理查德·多诺霍、安德鲁·格兰特、丹尼尔·格莱士、黄洪年、安德鲁·科恩、本杰明·科恩、内森·拉尔森、马赛厄斯·来宝仕、达斯汀·仑茨、马特·莱斯、克里斯·琳堡、梅兰妮·麦卡蒙特、凯文·麦克唐纳德、安德鲁·米勒、凯尔·米尔斯、尼克·墨菲、加勒特·尼尔森、林迪·尼尔森、马特·奥布里安、凯尔·普雷斯顿、皮特·普罗哈斯卡、耶缪尔·雷普利、杰西卡·赛克、格雷格·施瓦兹、本·斯派尔、贾斯汀·斯多克、肖恩·汤普森、雅蒙·万德霍克、王学正、凯文·沃恩克、戴维·沃思科沃斯基、皮特·威瑟斯、康拉德·怀尔斯、塞缪尔·朱和左亦欧。

如果说其他年轻人对我的研究的兴趣，鼓舞着我并使我觉得自己可以跨越时间的鸿沟，那么我要特别提到一位研究生，加勒特·尼尔森，他在为本书关于自然环境的章节寻找插图（示意图像）方面给了我特别的帮助，并通过得到版权人的授权使这些图片得以在本书中使用。

在专业方面，我要特别感谢《丑的历史》（里佐利，

2007）一书的编者翁贝托·艾柯。阅读书中的文字以及欣
赏书中震撼人心的插图，曾让我起意写一本关于丑恶的书。
然而，这一想法迟迟没有进展。或许，浸沁于生命的阴暗 VIII
面与我的本性相冲突。于是我想，或许我的下一本书可以
是关于浪漫的地理？其光辉畅动与昏浊隐涩并存。 IX

序　曲

“浪漫”与“地理学”看似是一对矛盾的词，因为如今很少有人把地理学看作是浪漫的。不可否认，地理学脚踏实地，充满常识，亦是生存所必需——可它是浪漫的吗？事实上，在不远的历史中，地理学的确曾有魔力，并被认为是浪漫的。那是一个英勇探索的时代。那时的探索者都被视为地理学家，即懂得测量和绘图技巧的人。他们的探险一经报道无不被追捧和敬仰。那时，如果人们把戴维·利文斯通抑或欧内斯特·沙克尔顿的故事搬上银幕，会和讲述伊丽莎白一世或者甘地的电影一样轰动。其共同点在于，他们都是重要历史事件的发起人和参与者。

然而，这些事件真的是地理学事件吗？戴维·利文斯 3

通在非洲的冒险不是更像历史事件而非地理事件吗？中学和大学往往捆绑教授着这两个截然不同的学科。它们有什么不同呢？一个讲好听的故事，另一个则不然。美国南北战争的历史是一部由鲜活的人物和戏剧化情节组成，并携着一点执迷于浪漫情怀的骑士精神的跌宕历史。与之相比，关于美国南北战争的地理学，虽然信息丰富亦有用，却不能让人心潮澎湃。历史有时也可以是枯燥的，但若考虑到它对于文明及其存亡来说看似多余和奢侈，它仍可被视为“浪漫的”。比如，印度这一伟大的文明由梦幻般的神话和传说支撑，而并没有像欧洲或中国那样的历史体系。从另一个角度来说，所有的社会——无论是初级的还是复杂的——都必须或多或少对脚下土地的特征有系统的了解以谋生存。此外，历史有“历史罗曼司”，沃尔特·司各特爵士是这一文类的先驱。然而，当被问及是否有“地理罗曼司”时，大多数人都会大脑一片空白或零星提及一些冒险故事。所以，“浪漫地理学”这一富于想象、大胆又扎根现实的概念，似乎是个矛盾的想法。尽管如此，浪漫地理学是否可以存在呢？是否可以说它的存在实为必要，因为人类生活大多数时候是由热情所驱动——由可望而难即，甚至不可即的东西所驱策的呢？[1]

我对这两个问题的答案都是肯定的，而在本书中我会 4
对我的观点给予论证。但在此之前，我需要做一些准备工作。首先就是定义“浪漫”或者“浪漫主义”，一种在1780年至1848年间出现于欧洲的宽泛概念和价值观。给出确切的时段容易造成误解，因为概念和价值观本身就是含混且往往自相矛盾的。诗人托马斯·休姆认为，浪漫主义从本质上来说是对日常生活的超越，是人类完美主义的信仰。历史学家雅克·巴赞曾谈及浪漫主义的性情，并把它概括为“对能量的敬仰、道德的热忱、原初的禀赋，对于人类伟岸与卑微、强大与悲苦之矛盾的认知”。浪漫主义在时间上与崇高和哥特的概念有所重合，它们同被称作颓废（1800—1900年）的西方艺术创造时期相衔接。这四种特征——浪漫主义、崇高、哥特以及颓废——都是对崇尚稳定的生活常规的反抗。[2]

然而，地理学大多是关于生活常规的。即使地理学者注意到变化，这些变化也通常被归为非人力所能左右之变。若与地理相关的某项工作映射出对超越日常生活的渴求，或是人类完美主义的热望，它便被视作游离于严肃的学术领域之外，并被划入浪漫的领域。地理学著述固然可以表
达“道德的热忱”，即巴赞谈及的浪漫主义特征之一；然 5

而热忱——炽热之情——更有可能是攻击而非推崇，更似对资本主义的尖锐批判而非对社会主义的热情赞誉。此外，正如巴赞所说，浪漫主义的性情是在伟岸与卑微、强大与悲苦之间挣扎；与之相比，当代地理学者的工作鲜少呈现出这种属于浪漫主义的痛楚。

那片存在于地理学者的愿景与实践之间的空白地带，绝非独属于地理学的学科盲点。事实上，这一空白反映了20世纪后半叶的全球氛围，即反浪漫主义风潮。这一时期对那些保育与安居理念的极度热忱，便是最好的例证：环保主义、生态主义、可持续发展以及生存的呼声，不仅存在于学术讨论，更充斥于社会运动之中。尽管这些热忱的呼吁者提出的观点以及表述的语言不尽相同，但因其都试图将地球变成一个稳定而可居的家园，而可被归为“家园经济”（home economics）的拥护者。无论对人类多么有用且必要，“家园经济”都难以激发人之热情、促发心绪飞扬。“家园经济”不是浪漫的。

浪漫主义倾向于表达感受、想象、思考的极端性。它对混合了妩媚与恐惧、高度与深度的“崇高”的追求远甚于对优美或古典美的欣赏。将两极化价值推向其极致的通常是那些发达社会或文明的奢侈——它们在享有高度经济

安全的氛围下，赞颂个人价值，甚至那些古怪反常的个人
价值。全球文明众多——根据历史学家阿诺德·J.汤因比的 6
论断，世界上大概有十几至二十个主要文明——但是，独有西方文明发展出的一种思考与感知世界的方式，不负浪漫主义之名。[3]所以，在这本书中我谈及更多的会是西方文明。此外，我的讨论所涉及的时间段，将集中在20世纪之前的大约一百年间。这是因为1900年以后，极盛浪漫主义的理想逐渐被“民主”与“公民”的理想所取代。不过，浪漫主义在流行文化中依然生机勃勃：一些著名电影里仍讲述着身着耀眼铠甲的骑士拯救美丽少女抑或搜寻圣杯的故事。在当今的文化精英群体看来，这种浪漫是浅薄而幼稚的；然而，它仍对文化产生潜移默化的影响，包括那些甚为复杂的关于自然、环境、社会、政治的感知与理解。这种影响无法避免，是因为潜藏在浪漫精神之下的——事实上，潜藏在所有人类的欲望、诱惑和渴求之下的——正是两极化价值观。这种情怀诱使人们，哪怕是在想象的世
界中，跨越常规并向着极致前进。 7

1 两极化价值

什么是两极化价值？两极化价值包括黑暗与光明、混沌与秩序、身体与头脑、物质与精神、自然与文化等等。每种文化的两极化价值都与其他文化有着微妙的区别。整体而言，它们之间又有一种家族相似——在这些价值的呈现中，总有一极包含了黑暗、混沌、身体、物质、自然这些“负极”，而又总有一极包含了光明、秩序、头脑、精神、文化这些“正极”（这里的引号用来提示二者的价值是可以互换的）。这些二元概念组成了浪漫地理学的基础部分：它们聚焦于极端情况而非中间情况；它们影响着我们在日常生活中对客观事物和人的感觉和判断。同时，更关键的是，它们也在我们展望和感知具有挑战性的大环 9

境——无论是地球及其所包括的山脉、海洋、热带雨林、沙漠和冰原这些自然分区，还是与自然对应的因人而生的城市——时发挥着重要的作用。那些在这些环境中添加着浪漫佐料的人，总是在寻求冒险，甚至是那些他们无法阐明的更为神秘的事物。后者或许可以被称作求索，而求索——就像寻找圣杯的壮举一样——正是浪漫的核心所在。但首先，我们需要将注意力集中在二元概念上，因为它们既定义了人类生活常规运作中可接受的限度——地理学，又暗示了超越这些限度的可能性——浪漫地理学。

/ 暗与光 /

“起初，上帝创造天地。地是空虚混沌，渊面黑暗。神的灵运行在水面上。神说，要有光，就有了光。神看光是好的，就把光和暗分开了。”

《约翰福音》的第一章为《创世记》开篇这些人们耳熟能详的诗句做了说明。“太初有道，道与上帝同在，道就是上帝。”在他里面（即在道内）“有生命，这生命就是人的光。光照在黑暗里，黑暗却没有生过光”。有一个人，是从上帝那里差来，“是为那光做见证，要众人借着他造的。他不是那光，而是要为那光做见证。那光是真光，来到世上，照亮所有的人”（《约翰福音》1：1，4—6，8—9）。

上帝即是光，或者反而言之，光即是上帝。在人类世界中，光是智慧的灵感或精神的启发。无论是在文学、艺术还是建筑领域，基督教中的光都被赋予了相比其他宗教（如佛教）更丰富多样的象征意义。正因如此，当但丁越过最遥远的恒星所在的水晶天时，据说他进入了一个充满“纯净的光，智慧的光，饱满的爱”（《天堂篇》XXX. 38）的天堂。在艺术作品中，圣人的背后总是带有光环。而真正使光在物理特性与符号含义上具有辉煌而象征性的力量的，却是建筑——哥特式教堂。12世纪哥特式教堂中最显著的特征不是十字肋架拱、尖拱，或者飞拱，而是光本身。正如艺术史学家奥托·冯·西姆森（Otto von Simson）所说：“那哥特式的墙壁就像开孔的介质：光滤过它，穿透它，与其融合，使其升华。哥特式可以描述为透明、模糊的建筑，那是一片连续的光的界面。”[1]

被认为是发明了哥特式教堂的圣丹尼主教苏热（Suger，1081?—1151年）这样描述他置身于哥特式教堂中的感受，他认为自己“从某种程度上说，住在宇宙中怪诞的一隅，既不全在地球的污秽之地，又不全在天堂的纯净 11

之中；尔后，承蒙天恩，我可以从此低贱之地被渐次运往更高层次的世界”。换句话说，由于无法避免地存在于“地球的污秽之地”，苏热的教堂仅仅是通往天堂前的预演罢了。[2]

黑暗和死亡在上帝的圣殿中弥漫：发霉的、洞穴般的地下室里实实在在的黑暗和怪兽般的滴水嘴中的黑暗喻象。至于死亡，那僵硬而坚固的石像似乎在嘲弄着重生的向往。苏热尽管信奉光明及其符号含义，却也在教堂中添加了黑暗的意象。若与苏热相比，和他同时代的中世纪神秘主义之父克莱尔沃的圣伯纳德（Bernard of Clairvaux，1090—1153年）可被称作一位纯粹主义者。对于某座修道院的装饰，他愤愤不平地评价道：“更有甚者，在修道院的回廊中，在忙于诵读的信徒眼中，那些可笑的丑物，那些畸形的造型到底有什么用呢？还有那些肮脏的猴子？那些凶残的狮子？那些巨大的人马怪？还有那些半人不人的东西？”[3]

人类热爱光明而非黑暗，显然是因为我们是视觉的动物。在黑暗中，因为看不见，我们便无法辨别方向而感到迷失。如果没有轮廓分明的外部现实的指引和限制，我们的想象力将散乱无际并唤出纠缠我们的怪兽。想想那种人人都体会过的不均衡：我们会在夜里做噩梦，而在白日
12 做美梦；前者让我们在恐惧中流汗，后者只是让我们微

笑。想想那种平常却让人感到深深安慰的体验：当我们从噩梦中惊醒后，注视着窗外明亮的天、繁茂的树和啼叫的鸟——那是对于重生的预尝。

不难理解，世界上各个角落的人都把暗与光、黑与白看作对立的两面。非洲黑色皮肤的人们甚至也认为光和白好过暗与黑。在西非的班巴拉（Bambara）部落里，白是尊贵的色彩，代表了智慧和心灵的纯净；而昏暗的靛青色，则被认为是悲伤和不纯洁的象征。对于尼日利亚的努普（Nupe）部落来说，黑色代表着魔法、邪恶、恐怖的预言。对于马达加斯加的马尔加什人而言，黑色意味着低等、邪恶、怀疑、厌恶；而白色代表着与前者相反的价值，诸如光明、希望、快乐和纯洁。[4]

然而光与白也有负面的含义。在中国，白一方面与“阳”（光明、白昼、阳光）有关，代表着正面和美好。但是当尸体因耗尽血液和生命而变色时，白亦代表死亡。在西方世界中，尽管白有很多正面含义，它却仍不乏一些负面意义，这甚至出现在了《圣经》中。正因如此，《马太福音》（23：27）中把伪君子比作“白色的坟墓”，只因他们外表美丽，内部却只有人的污秽和骸骨。约瑟夫·康拉德在其长篇小说《黑暗的心》中使用了传统的对立元素白色

13 （好的）与黑色（坏的），但当他讲到库尔兹的小屋旁被漂白的头骨、库尔兹的光头、象牙引诱着欧洲人的贪婪，还有其中公司总部的地点“白色坟墓”之城时，他为“白”赋予了堕落和死亡的含义。[5]白即是耀眼的光明。然而，长时间被光照射则是一种极其痛苦的折磨。长时间丧失睡眠最终会把人引向死亡。白色的投降旗代表了无能、软弱和怯懦。在智力方面，白暗示了浅薄——只有表面，没有深度；而黑与暗则强调了肥沃、潜能、营养、萌芽和母性。暗红色是血气方刚的力量，而灰白则是贫血的表现。黑土是优质的，苍白的土壤却意味着营养物质不足。植物能够生长，正因为它的根埋在幽暗的地下。人类喜欢在黑暗中享受性爱以及助人恢复体力的睡眠。我们如此恋家的一个重要原因，正是每晚那仅有的几小时里，我们可以纵享那奢侈的湮没之境。

/ 乱与形 /

《创世记》第一章把上帝看作匠师。他做的，正是所有人类匠师做的事情——在混乱中置入秩序与明晰。“地是空虚混沌。”所以，在一系列神迹之后，上帝创造了形。他把天与水分离，而后把水集于一处，让陆地显现出来（《创世记》1：9—10）。当然，人类匠师无法在如此的尺度下创造秩序，然而他们尝试了以天为模板的创作。他们在星辰的
变换中看出了规律——秩序井然——这是他们无法在地上 14
的事物及事件中看到的。因而，他们的任务便是把这种秩序由天穹带回大地。我们能够从那些拥有宇宙般秩序的远古城市中看到这种努力：将城墙和主要建筑与方位基点对齐，即与那亿万星辰之中最为重要的太阳的运动轨迹上的重要位置对齐。

仰望星空，远古的天文学家们观察到众星围绕着一个不动的天体——北极星——旋转。在近一些的地方，他们看到太阳明确地围绕着大地东升西落。事实上，古人渐渐发觉很多事物是圆的，或至少是沿着圆做循环运动，比如四季的变化，鸟类的迁徙，以及生命的周期。然而，建造一个由巨型的封闭圆形城墙所保护的城市对古人而言是个难以实现的巨大挑战，所以在城墙的形状上，他们用正方形或长方形代替了圆。天的秩序，以城市的几何秩序来表现。这样的建设需要平整丘陵和山谷，移转溪流，移除村庄——换句话说，这是一个驯服地球的过程。

古代大城市是在其作为宇宙祭拜中心的基础上发展起

来的。城市中的核心居民包括执掌宗教最高权力的国王、宗教官员，以及社会精英。这些城市居民主持着他们认为维持秩序与生活所必要的礼仪，而其自身的物质及精神需求，则依赖于那些从城郊或更远的地方拥入的庶民所提供的各种商品和服务。尽管对于统治者及精英阶层而言不可或缺，但背景复杂的庶民、从事商业和手工业而非农业的人们，由于并不属于宇宙范式的关键部分，而被视为社会秩序的潜在威胁。为了监督这些纷繁复杂的庶民群体，以使社会如繁星般以一种有规律、可预测的方式运转，一个庞杂的官僚体系应运而生。其中的关键词便是和谐。[6]

文明化的过程就是从无形到有形、从混乱到和谐的过程。有谁会对这条带来发展与前进之路是人类应取的正道表示怀疑？然而，怀疑之声有因可循。上帝在混沌中创立了秩序，但对这位拥有浪漫主义气质的伟大艺术家而言，太可预测的“秩序”不免有一丝乏味。所以他把人类添加到他的作品中——人类与其他造物不同，他有自由的能力，这意味着他能进行选择，包括以自己的选择制造无序的可能性。人类也是想从混乱中创立秩序、从错乱中提炼和谐的艺术家。他们受到繁星围绕北极星运转的秩序的启发，想要建立一个诸侯与庶民皆甘心屈从和服侍永恒帝王的社会。这一愿景若能实现，结果必然是一个拥有秩序与和谐的世界——然而，那亦是独裁的世界。好的社会制度不可能是完美而和谐的——它需要一定程度上的无序，需要由社会的压力和矛盾所不断促生的新思想的滋养。换句话说，16
好的社会制度就像伟大的艺术作品一样，必须包含失调的部分。可以容纳混乱与开放机制的好的社会制度，其浪漫气息胜过古典氛围。

/ 低与高 /

文化可能被认为有“低”与“高”的分别。“低”关乎身体和大地，“高”关乎精神与上天。二者中一个与庶民相关，另一个则关乎精英——这是一种由精英制定、普通人默许的区分方式。精英自视为半神，他们的泥砖房位于城市的中心，也是概念上的制高点。从中心开始，城市的高度向周围“递减”：先是中间阶级的住处，而后是城市边缘的穷人和他们不体面而拥挤的陋居。几个世纪，乃至一千年以来，这便是大城市的建筑和社会格局。普通的住宅进化的路线是向上的——起初是半地下的，就好像不愿离开大地母亲的安全感一般。之后，住宅开始建于地面之上，也有更重要的建筑坐落于高台之上。宗教与其建筑从依附于壁穴、山丘、水洞、溪流，发展到直指上天与其神灵；宗教的仪式由在户外举行发展为在寺庙内举行。[7]

就像“黑暗”与“光明”一样，“低”与“高”的价值可能会颠倒。因而，在古罗马和现代的芝加哥，高层建筑
17 是给穷人居住的，而贴近地面的别墅和豪宅则是富人的住所。低而平展的建筑意味着稳定性。与企业集团总部那层层而上的摩天楼不同，政府建筑往往是贴近地面且舒展的。人们很难想象，象征延续和传统的英国白金汉宫抑或奠定军事力量基础的美国五角大楼是摩天大楼式的建筑。

“高”与“低”是十分有指向性的词。所有优越的或是优秀的东西都被赋予了一种物理高度的感觉。事实上，英文中意指“优越”的“superior”一词，正是由拉丁语中意为“更高”的词变化而来；同样，意指“优异”的“excel（*celsus*）”亦来自拉丁语中意为“高”的单词。印度宗教中“梵”的理念脱胎于意为“高”的一个概念。英文中意指“等级”的“degree”一词的字面意思，是在空间中上升或下降一步。同样，社会地位常常被形容为“高”或“低”，而非“大”或“小”。从另一方面来看，当一个人在别人的妒忌和邪恶行径面前疲惫不堪时，“攀高”就显

得力不从心了。可以理解，在文明高度发展的社会中，成就最卓越的个体偶尔会感到平凡的吸引力。美学家可能对泥土表现出怀旧之情，知识分子则会怀念野兽的感官现实。具有任何高级地位的人都有落魄的风险，对于社会地位而言尤为如此。反极权主义作家乔治·奥威尔本是英国社会上层中产阶级的一员，但他在社会底层的磨炼中找到了自己的位置。作为巴黎餐馆的洗碗工，他是社会最底层的人，但事实上那种生活是可以忍受的。“你曾经常说去像狗一样生活——而今周遭都是狗，而你还不时碰触它们，并且觉得过得去，这真是让人松了一大口气了。”[8] 18

/ 人之身 /

比较高等的动物都懂得高与低、光与暗、形与乱这些两极化状态的分别，而人类的特别之处在于他们对于身体进行度量和描述的能力。这些度量和描述是如此详尽，以至于那些先前极端的状态变得不再模糊抽象，反而拥有了高度的具体性和分量。每种文化，每种文明，都有各自度量身体的方式。西方文明很大程度上受到柏拉图的影响——对他而言，身体是有形的灵魂，其中最神圣的部位是头部，那是理性和灵感的住所。头部是不朽的，它被颈部以一定的距离与躯干和腹部分离，那是身体的下部。尽管终有一死，躯干也有值得赞扬的地方，因为那是“男子精神”的所在。躯干中胸膛的部分听取了那些理性的话语，克制着过剩的欲望以支持理智的思想。心，则被柏拉图称作守卫室。这座守卫室在紧急问题到来时反应迅速，把信息传导给所有敏感的部位。腹部和更低部位的器官是为更低级的需求准备的。腹部是“身体养料的管理者”，由于营养对于身体的重要性，它不能被弃作次要的部分。对于那些亦承载欲望的身体的其他部分，难道要在腰上挂上“像野兽”的牌子吗？它们位于腹部以下，这意味着那些剧毒的激情的怒火难以触及理智而阻止其工作。此外，还有颈
19 部作为最后一道防疫封锁线。[9]在现代社会中，这种对身体的解读方式导致了一些奇怪的概念，比如长脖子意味着聪明。无论是对柯南·道尔笔下的夏洛克·福尔摩斯，还是对故事中作为福尔摩斯主要竞争对手的詹姆斯·莫里亚蒂教授充满敬仰的读者们，都被灌输了“高智力的人只能是那些又瘦又高、肢体细长且肌肉不发达的人”的偏见。不过，故事中也出现了像迈克罗夫特·福尔摩斯和布朗神父这样

的反例——他们都是才华横溢的胖子。

柏拉图对于人类身体的解读影响了英国诗人埃德蒙·斯宾塞（1552—1599年），后者对于身体的解读更加几何化和建筑化。身体对于斯宾塞而言由三个部分组成：圆（头）、方（躯干）和三角（伸展的腿部）。建筑应该能够展示这些形状与其比例。柏拉图将身体视作一个“整全”的有形灵魂，斯宾塞则将身体描述为“运行之灵”，而非什么与灵魂分离或不相干的东西。另一方面，头与腿分别位于两极的身体，的确诠释了一种价值的等级：头部保存着最高等、最完美形式的灵魂，而腿部则接触着土地，被肉欲以及所有有关生殖的事情玷污。[10]

/ 躯体、住宅、空间 /

躯体是住宅，住宅即躯体，这是一个广泛共有的直觉。我们可以在很多文学作品中找到这样的思想：比如古罗马建筑家及工程师维特鲁威（公元前1世纪至公元1世纪）的《建筑十书》，古希腊占卜家及释梦者阿特米多鲁斯（公元
2世纪）的《解梦》，文艺复兴时期剧作家及诗人莎士比亚 20
的《安东尼与克莉奥佩特拉》（克莉奥佩特拉在这部剧中

以“我要毁了这凡人的空房”意指她将通过“摧毁自己的身体”做出抗争），17世纪英国玄学派诗人安德鲁·马维尔的《论艾波顿庄园》，19世纪美国作家埃德加·爱伦·坡的心理恐怖小说《厄舍古屋的倒塌》以及《泄密的心》，20世纪法国作家亨利·鲍思高的小说《马利克瓦》，奥地利精神分析学家弗洛伊德所阐释的各种隐喻和他那颇似子宫的充满软垫的咨询室，以及美国漫画家詹姆斯·瑟伯那幅名为《家》的卡通：一个渺小而胆怯的男人走向好似母亲的大房子。当然，这些都是折中的选择。尽管它们都有关于身体即是房子的类比，但这种比喻也有冷静叙述和切身体验的分别。我倾向于检视后者，因为在这里，那些两极化的价值才最明晰地显现出来。

梦之屋（或者儿童屋）是有斜屋顶的竖向构筑物。它的三层结构包括了阁楼、起居室和地下室。阁楼是属于梦想者和诗人的地方。在梦里，人们总是走上阁楼——这对相信弗洛伊德学说的人来说代表着“超我”。起居室里是公共和社交的自己，是一个人进行世俗生活的地方，它代表着“自我”。地下室则是黑暗的所在，是燃烧着怒火的熔炉。在梦里，人们亦常常走下深深的地下室，即走入“私我”。[11]

竖向的房子是19世纪晚期中产阶级住宅的特征，这正是弗洛伊德的阶级和他所知的世界。到了20世纪中叶，美国西部新兴中产阶级的住宅多是低矮平展的，就像牧场上的平房一样。这种平房有很明显的正面和背面，这就和人 21
一样。正面是起居室。在门的两边各有一扇窗户，就像“眼睛”般检视着屋前的草坪和更远的土地。起居室是个社交的场所，是人们娱乐的地方。到了晚上，人们合上百叶窗（合上了眼睛），退回由卧室、厕所、厨房组成的房子的后半部，这些都关乎人们的生理需求。每天晚上，人们倒掉厨房中积攒的垃圾，就像只是在每天晚上，人们才坐在马桶上排除每天身体中的废物。房子的正面是毫无瑕疵的草坪和花园——那是为了炫耀而存在的，因而也就没有围栏。房子的背面是菜园、给孩子玩的秋千，以及烧烤和非正式家庭聚会的空间——这种后院是私密而有围栏的，以提防那些爱管闲事的眼睛。[12]

无论是在中国、古罗马，还是拉美国家，院落式住宅都有正面和背面。正面是正式而半公共的；背面是非正式而私密的。现代文明形成之前，住宅前面的院落往往是给男性使用的，而住宅的后半部则留给女人和儿童。前者满足社会—政治活动的需要，后者则倾向于社会—生理活动的需求；前者开放而“明亮”，后者隐秘而“黑暗”。

尽管住宅空间可能被细分而每个房间被赋予不同的价值，住宅作为一个整体却被认为是女性化和具有养育功能
22 的事物——它主要被用来进行支持生理需求的活动。与此相对，城市则是男人的领域，是操控算计的场所。古希腊在这种对比上最为明显。他们的乡下住宅本质上是农业建筑，其功能是生产食物和维持生计。女人、儿童、奴隶，这些古典社会的“次等人”居住在这里。男人们指望着在耀眼的城市公共生活中提高自己的名声。[13]直到19世纪50年代，这些性别观念还深深定格在包括美国在内的西方世界中。女人负责养育孩子、购物、做饭，她们属于家庭；男人们则每天进城工作，在那里，他们为了更高的收入和更高的地位与其他男人竞争，以及——像他们相信的那样——改善这个社会和世界。

在这些社会认知中，世界是“浪漫的”，但家不是；男人是浪漫的，而女人却不是。女权主义运动的一个主张，就是指出女性也可以是浪漫的，即她们也可以引领一段大胆的人生，也可以去和风车决斗，也可以在梦中徜徉冒险。与此同时，女权主义亦包含另一个同样强烈却恰恰相反的主张，即不应是女人参与到男人的世界，而应该是男人参与到女人的世界，共同努力将地球塑造成可持续的家园。

我在前面把这类思潮称为“安居理念”或“家园经济”。这种思潮除了对于地球和人类福祉至关重要，亦对该时期的诸多地理学家极具吸引力——他们自认为应肩负起这巨大但绝非浪漫的责任。 23

/ 社会地位 /

除了小型的以狩猎采集为生的部落，其他社会类型总是有等级制度存在的。更进一步来说，社会团体越大，其物质文明就越丰富，其内部社会地位的差距也更加固定。由于社会结构的复杂性，社会差距在等级制度中永远地存在着，其中的成员——头、躯干、腿、脚的地位是不等同的。人类与灵长目动物独特的直立姿态本身产生了“高”与“低”的分别，其中头部，即思想和灵魂占据了“高”点，而腹部、腰部、腿、脚，这些屈从的动物本能占据着“低”点。

论及肌肉力量在社会地位中的作用，动物行为学家认为它在动物世界中有着十分重要的地位，但在人类社会中并非如此。是的，街头混混中最强壮的那个人可以成为某个地方的老大，但即使在这种情况下，他也有可能是靠言语而非武力竞争获得了最初的地位。在部落社会中，地位最高的人是无所不晓的萨满巫师而非战士。印度文明发明了四种种姓：祭司和博学者、战士和统治者、农民和商人、贱农和劳工。值得注意的是，尽管战士和统治者享有更大的权力，但在威望上他们比祭司和博学者略微低一些：他们是“躯干”而非“头部”。古代中国的社会分层没有印度那样严
24 格。与种姓制度不同，中国有一种更具渗透性的制度，即阶级。有四种阶级：学者—官员、农民、手工业者、商人。这里应当注意到，是学者—官员，而非纯粹的官员享有最高的威望。中国人意识到一个好的政府需要能够放眼长远且能做出明智决策的人。有趣的是，半神性的帝王并没有做决策的义务，因为他是凌驾于所有社会层级之上的。因为要使世界归于和谐，所有的帝王都必须效法北极星，万世不移地稳坐于他的王位上。

/ 头脑与肌肉 /

在信奉基督教的欧洲，精神世界的统治者凌驾于现实世界的统治者之上。国王需为教皇屈膝。教皇制度下权力的来源，并非其小规模的军队以及军事联盟，而是其庞大

的由司铎和僧侣组成的官僚系统。《圣经》经文的力量嬗变为神职人员的话语权。大概是16世纪时，英格兰的上层阶级开始意识到，如果他们想继续其统治，就不能仅仅依靠军事上的骁勇，而是需要开发自己的思想。于是，他们把儿子们送进中学和大学——温彻斯特和伊顿、牛津和剑桥——那些曾经为下等阶级的男孩提供教育，使其得以在教会供职的场所。在这些机构中，年轻的绅士学习着似乎与统治国家毫不相关的神学和古典哲学。那些贵族和名流 25
真正渴求的——或许他们并不自知——是后来被称为“思想的奥秘”的财富。[14]

这种“奥秘”延续至今并被进一步深化。造成这种情况的原因，不仅是社会更为复杂化，还在于社会更为科技化，即越来越依赖于分析和科学的理性。意指不为一般人所知的“奥秘”一词用在这里是很恰当的，因为思想的力量和威望很少为大众熟知，尤其是在民主和平民化的美国。当然，事实并非向来如此。在南北战争之前的美国南部，种植园主自视具有思想上的品质，而其奴隶则没有。对于种植园主而言，这是“头脑”与“身体”的区别；“头脑”注定去统治，“身体”注定要服从，这一观点也是毋庸置疑的。在工厂中，人们仍习惯把工人称作“人手”。在经历快速工业化的19世纪美国，废奴运动领袖弗雷德里克·道格拉斯博士（Frederick Douglass）曾指出，黑人应在机器作坊进行训练以及在科技大学进行学习，以便日后成为有用的“人手”。在今天看来，道格拉斯的言论过于温和，不足以激发那些曾为奴隶的黑人的自尊，进而改善其处境，他们的潜能仍然局限于“身体”而非“头脑”的范畴。[15]

与欧洲不同，美国被认为是反智的，薪酬体制的不均衡便是证据。职业运动员的收入往往比大多数有成就的教
26 授要高。从某种程度上来看，职业运动员亦是娱乐大众的人——他们的工作是去取悦其客户和金主。使命感更强的教授并不去“娱人”而是“育人”；他们所传授的不仅是有用的“知识”，而且是从奥林匹斯山上收集到的，曾经被称作“智慧”的东西。简而言之，这些教授是“大脑”，而那些职业运动员则是“肌肉”。“大脑”的身份使得在其位之人获得较高的社会地位，并且绝不需要进行没用且没品的自吹自擂。物理学家理查德·费曼不可能说他自己是“最伟大的”，而拳王穆罕默德·阿里却有可能（亦确实）这样自我评说。

这种早在16世纪的英格兰就出现端倪的重心向“大脑”倾斜的变化，是不是意味着罗曼司的终结？与那些可

读可写的僧侣相比，骑士——即使他们并不识字——才是浪漫的。僧侣不具备浪漫的品质，因为他们仅仅是在抄写那些已经为人所知的事物。而到了16世纪末17世纪初，一场知识观念的变革发生在伽利略和开普勒的年代。这一时期，尽管从书本学习的方式延续了其重要地位，但是“寻找”乃至“求索”的精神获得了更高的威望。就像中世纪的骑士求索圣杯一样，早期现代的学者也在求索深奥的知识——那时候，这种努力是通向更好地理解自然与科学的途径。求索，就像我已经提到的那样，是浪漫的核心所在。探险家在没有任何世俗补偿的情况下，为探知尼罗河源头、
到达地球两极，抑或登抵最高山峰的愿望所指引。天文学 27
家彻夜坐在高山上或沙漠中的望远镜前，直直地盯着那些看似闪耀但在百万年前就消失了的繁星。若有人问，为何如此？我想答案大概是，有些人会在广袤与无垠面前感到无比满足；他们虽追逐精确的事实，却是真正的浪漫主
义者。 28

2 地球及其自然环境

浪漫的想象更倾向于那些很大或很小的事物，却很少关心中间的尺度。浪漫的想象也很容易从一个极端跳到另一个极端。就像威廉·布莱克的那句名言，“一沙一世界，一花一天堂”。可能所有诗意的作家都倾向于从小事物看到大事物，从不重要的事物中看到严肃的意义。大多数地理学者却不是这样的作家。他们基于特定地点的研究并不意味着要去牵连到大尺度的事物，更不必说什么人类通用的准则了；因此，虽然这些研究可作为特定地点的地理指南，却很难达到升华灵魂的高度。当然，也有例外。在不牺牲事实细节的前提下，地理学者也可以写出充满活力的词句。亨德里克·威廉·房龙便是达到这种成就的典范。当孩童苦

29 寻一本可以带来阅读乐趣的地理书时，房龙以其1932年出版的《地理》一书成功应对了这项挑战。在书中，他以生动的语言阐述了人类生物量的渺小。他指出，只需一个长、宽、高均为半英里的箱子，就能把地球上所有的人都装进去。若我们把这个箱子放在位于亚利桑那州大峡谷边缘的石崖尖上，并让一只猎犬用鼻子轻轻触碰它，那么这个箱子便会跌入谷底、碎成上千个碎片。人类就这样遗憾地灭亡了，但这又怎么样呢？“大峡谷还会像它形成之初那样进行着与风、空气、骄阳、雨水的无休斗争。”通过这一例子说明人类的渺小和自然的冷漠后，房龙却用接下来的五百页呈现了相反的一面——人类在世界不同地方所创造的那些或伟大或平凡的事物。[1]

地球这颗行星孕育了奇迹，催生了无数非功利的、崇高的以及浪漫的阐述性文字。这些文字也囊括了对地球上那面积庞大、不适宜人类居住的自然区域——比如高山、海洋、雨林、沙漠和冰原——的描述。由于不可居住或者不宜居住，这些地带使人们的思维从如何在其中居住的定式中解放出来，转而倾向于满足他们对愉悦和智慧的需求。一个既令人向往又令人厌恶的环境，成为美学与道德议题的焦点。为回应这些议题，我
30 需要引用我之前有关两极化价值的论述。

A · PRIMO MOBILE · XXXXVIIII 49

/ 地球与太阳系 /

哥白尼（1473—1543年）因提出日心说——地球围绕太阳运行，而非太阳围绕地球运行——而遭到教会的刑责，这是教科书中可能仍然会存在的一个对历史的普遍误读的前半部分。这一误读的后半部分，是哥白尼的新理论废除了地球及其上最具特权的居民，即人类在上帝眼中的地位。实际上，真实的故事要复杂得多。以下是它的一些要点。

中世纪的宇宙天体学受到古希腊思想的强烈影响，假设宇宙是由一系列透明球体组成的；同是球体的地球，就在这个系统的中心。然而，地球的中心位置并没有为其带来什么特权。事实上，情况正好相反。这是因为，中世纪的宇宙学家考虑了另一个维度，即竖向维度——这与继承自古希腊的关于圆、球体和循环的理想是不一致的。竖向维度难免导致两极化价值，如“高”与“低”、“光”与“暗”，或者从更抽象的角度而言的“头脑”与“身体”。最纯净的东西上升到最高的位置；那些不太纯净的东西变为气而沉淀于第二层；那些足够稠密以至于会形成触觉阻碍的东西集结到一处，是为水；最后，宇宙的残渣被排放到

了最低处，构成了土（地球）。从相反的顺序来看，或者换种说法，地球其实在这个系统的最底层。在其之上，是层 32
层套叠的透明球体，每一层上都附有一个天体，依次为月球、水星、金星、太阳、火星、木星和土星。土星之外是恒星天，即点缀着“不动的繁星”的区域。在那之外是原动天（*Primum Mobile*），即最初旋转的天球。而在那之上是不动的推动者（Unmoved Mover），即上帝——那是一个弥漫于光辉中的存在，那里洒满智慧的光、饱满的爱。[2]

这个宇宙模型强烈地存在于西方的浪漫想象中，其影响甚至在20世纪的幻想故事中仍然很明显。[3]对这种观念的第一次冲击来自17世纪的新天文学。它不仅将地球从宇宙的中心驱逐出去，还挑战了行星运行轨迹是圆而非椭圆的理念。圆，这种远古的完美理念，曾是中世纪世界观的一个重要环节。它的崩塌导致其他一些著名思想黯然失色，其中包括相信天堂中充满音乐，以及行星和恒星都具有高等智慧。即使到了1600年，莎士比亚仍在其作品中使用这种中世纪的宇宙模型，并相信它能够被人们理解。例如，他让罗伦佐狂热地说道：

坐下来，杰西卡。瞧，天宇中嵌满了多少灿烂的

> 金钹；你所看见的每一颗微小的天体，在转动的时候
> 都会发出天使般的歌声，永远应和着嫩眼的天婴的妙
> 33 唱。在永生的灵魂里也有这一种音乐，可是当它套上
> 这一具泥土制成的俗恶易朽的皮囊以后，我们便再也
> 听不见了。[*]
>
> 《威尼斯商人》（第五幕，第一场）

那时，不仅宇宙和地球，就连人的灵魂都被认为是球体。这三者都阐释了音乐的和谐，那是在我们泥土制成的俗恶易朽的皮囊下听不到的。在莎士比亚的时代后不久，数学哲学家布莱士·帕斯卡（1623—1662年）看到了一幅完全不同的景象。对他来说，太空是“无尽和永恒的寂静”[4]——此情此景把他吓坏了。如果我们能置身于他的想象力之中，这样的场景应该也会吓到我们。那些会发出天使般歌声的“灿烂的金钹”去哪了？我们能在那黑暗而寂静的宇宙中寻到怎样的慰藉？那里空无一物。若要说真的有什么，那就是人类的存在——人类的气息，比如宇航员在太空船上张贴的几张家的相片。

---

* 译文出自《莎士比亚全集》（第一卷），莎士比亚著，朱生豪等译，译林出版社2016年版。——译注

家的相片的确是令人欣慰的。一双旧臭鞋是不是也会有同样的作用？甚至有没有可能作用更明显？在电影《真情世界》（*The Cure*，环球影业，1995年）中，一只鞋提供了必要的舒适和宽慰。故事讲述的是两个男孩，埃里克和德克斯特，他们是好朋友。德克斯特在一次输血时染上了艾滋病，他的健康状况缓慢恶化。当埃里克得知在新奥尔良有种治愈此病的秘方时，两个男孩决定前往那里，在密西西比河上尽可能地搭船前进。有时，他们需要在河岸上露营过夜。一天
夜里，德克斯特大汗淋漓地惊醒，他做了个噩梦。当埃里克 34
问他做了什么梦时，他说，他梦见自己在深邃、黑暗的空间中飘浮，没有任何得救的希望。让他如此绝望的，是绝对的孤独。埃里克的回答是什么呢？他把自己的一只运动鞋扔给他说："下一次你发现自己在深邃、黑暗的空间中时，问问自己'到底为什么埃里克的旧臭鞋会在我腿上？'"

注意两极化价值在这里的作用。天堂的光辉不再，取而代之的是另一个极端——一只"旧臭鞋"所带来的安慰。我们甚至会说，后者才是真正的慰藉，而前者只是幻想出来的场景，不过是以错觉为荣罢了。然而，这仍然不是能站住脚的解读。天堂里可能没有音乐，可能不像从前设想的那样有什么和谐的天球，但是那里出人意料地存在着由

天堂所定义的数学规则的优雅。再者，把天堂视作乐器的观念，即使并不正确，却是一种持续影响着语言、文学和渴望的真实力量。与此对比的一只放在腿上的朋友的旧鞋，尽管其中多少带有感动人心的情思，却不能令人眼前一亮，让心灵发出怒吼。

地球，正像我们之前提到的那样，曾经被认为是竖向宇宙的最低点，即它的“残渣”；而同时，它也被认为是天球旋转所围绕的中心。随着我们在过去四十多年间对宇宙
35 了解的加深，我们对地球的感觉向着溺爱转变。像地球这样能够支持高等生命生存的星球极度罕见甚至有可能是独一无二，这种认知是促生这种溺爱的原因。然而这种抽象的理解，除非有直接经验的支持，不太可能有长期的影响力。直接的经验是在我们真实地看到地球这颗球体，而不仅仅是在脑中想象它时形成的。为了真正地看到地球，人类只能等待高级精密航天科技的诞生。1972年12月7日是个值得纪念的日子——那是人类第一次在宇宙飞船“阿波罗17号”上从28 000英里的高空看到地球的全貌。那张照片已经成了一个符号，它比任何一张已经存在的照片都流传得更广。地球被证实是一个大理石般美丽的星球——那是飘浮在宇宙中的生命孵化器。我不禁想起了莎士比亚形

容英格兰的语句，因为地球也是“被庇佑的一隅”，是“银色海洋里镶嵌的宝石”；我们有义务对地球倾注我们的忠诚与爱（《理查二世》，第二幕，第一场）。

在驶向那个冰冷且毫无生命的远方时，宇航员们回首望见一个舒适而生机盎然的家园——这只是故事的开始罢了。当宇宙飞船行驶得越来越远时，是不是太阳系也会变得舒适而生机盎然起来？1990年2月13日，“旅行者1号”在离开太阳系的途中，拍摄了太阳、地球以及其他六颗行
星。那幅太阳系的快照被刊登在《科学》杂志上，我则可 36
以把它剪下来装裱整齐，挂在我卧室的墙上。[5]接下来便是终极问题：宇宙本身是不是也可以使人产生有如地球般的家的感觉？弗朗西斯·培根是第一个表达这种思想的人。他说，像宇宙这样巨大的空间，可能恰好是人类可以称其为“家”的地方：对我们的身体而言，地球及其上的分区或许是恰到好处的尺度；然而，对我们的思想及其无可比
拟的范畴来说，任何比宇宙小的空间都显得局促。[6] 37

/ 山 /

就像之前提到的那样，在中世纪的宇宙模型中，圆的理想和竖向的维度产生了矛盾。这种模型还使得人们对山的态度矛盾重重：圆的理想使其饱受责难，而竖向的理念却很偏爱它。我们先说圆。因为上帝是位至高无上的艺术家，那么上帝设计的地球就应当是一个完美的球体——它一定是美丽的，像天真无邪的孩童灿烂的脸。可为何还有那些变形的地方，那些山峦、谷地、突出的半岛和海洋？一个在17世纪传播甚广的解释，认为那是因为堕落。我们最早的祖先的罪孽使得地球的表面崩裂为积水的深渊。我们如今看到的景象正是那时留下的废墟。废墟是一种修辞。另一种修辞是堕落。由于失去了清白，曾经光滑的地球如今被“肿瘤、水泡和肉赘”包裹着。[7]

17世纪诞生了杰出的天才开普勒和牛顿。然而，即使他们大胆的想象引领了新天文学的发展，他们仍保有落后的理论和信仰。令如今的我们震惊的是，牛顿对人类堕落和给地球带来凸肿与凹穴的大灾变理论是持同情态度的。另一方面，那个时代的科学也是用来为上帝辩护的。上帝远非一位

不知道如何把地表弄平整的笨拙的艺术家：他造出山峦丘
陵，使水可以以溪水和河流的形式尽量流向更广袤的土地； 41
土地，当然是人类居住的地方；至于海洋，它必须足够巨大
以产生足够的水汽继而成云，才能保证雨水滋养土地。[8]

科学家们为上帝辩护的努力没有在相对很小的学者圈子外产生多少影响力。直到18世纪，高山还使很多人感到恐惧，因为人们实在对它们知之甚少。人们避开它们，并不是因为它们丑陋，而是觉得那里是土匪出没的地方——这在今天听起来很合理。此外，高山也被认为是女巫的住所，人们会把高地狂躁的天气视为这种观念的证据。对女巫的大规模搜捕在欧洲的阿尔卑斯山、汝拉山、孚日山和比利牛斯山都曾出现过。即使在20世纪，法国巴斯克荒野地带的农民和牧民也会讲起女巫召唤风暴的故事。[9]

如果说对完美的圆的追求导致了人们对山的厌恶，对
竖向维度的追随又当如何呢？它使人们产生了“高”与
“低”的概念，所以好的东西可以归于前者，而坏的归于后
者。迷雾缠绕的山如此难以抵达，就像是上帝的住所。它
直冲云霄，坐落在世界之中心，或者说世界的肚脐。在众
多的例子中，较为著名的包括古印度神话中的须弥山。须
弥山被认为是坐落于世界中心的北极星的正下方。婆罗浮 42

屠寺院群以建筑的方式再现了这种信仰。须弥山在中国和韩国的地图上又被称作昆仑山。此外，古代中国的传说中常提到五岳，其中以泰山为尊，它被认为是神圣之地。类似的例子还有希腊人的奥林匹斯山、日本人的富士山、日耳曼人的希敏约格山（天之山），等等。

那么山的概念在基督教盛行的欧洲又是如何？《圣经·新约》给了我们一个头绪混乱的信息。一方面，恶魔是在一座山上引诱了耶稣；另一方面，耶稣又是在一座山上揭示了他神的本质。西方基督教有其圣地的概念，但其神圣的氛围与站在峰顶并没有多少关系。与之相比，东方基督教（东正教）则相反，其教义中有很多神圣的高山，其中最著名的是坐落于希腊一座半岛南端的阿索斯圣山。一千多年以来，阿索斯山庇佑着修道士们和他们为人所知的禁欲生活方式与纯粹精神世界。禁欲与纯粹在他们严格禁止一切雌性——包括雌性动物——出入的信条上表现得尤为明显。这种态度是否只是一种古老的女性贬抑主义，把精神/智慧划作雄性/头脑，而把物质/生物性划作雌性/身体——前者光辉闪耀，后者黑暗堕落？因为这种极端的排斥，我们不免会得到这样的结论：即使在阿索斯圣山上有一只母鸡，他们也
43 会觉得这座圣地被玷污了。

从另一方面来看，围绕阿索斯圣山的其他流行思想，则会动摇甚至颠覆两极化价值的定式。首先，圣山是献给圣母玛利亚的。传说圣母玛利亚在前往塞浦路斯的途中被一阵突如其来的狂风带到了阿索斯山。她为这座山的美丽所倾倒，于是向其子耶稣祈祷，请求让这座山成为她的领土。第二，“高”与“低”的区别在阿索斯圣山并不适用。整座山，乃至整个半岛都是神圣的，而不只是高地有此殊荣。修道院本身的位置并不倾向于更高的高度。很多修道院都坐落在靠近海岸的地方，因而信徒们的朝圣之旅更倾向于艰苦的航海旅行，而非向山上攀登的过程。第三，部分是因为圣山与圣母的关联，部分是因为当地保存良好的原始森林，阿索斯圣山还可被看作一座被海洋包围的花园——它显得更加亲切而非令人生畏。第四，阿索斯山上的神圣之旅是根据来自尼撒的圣人格雷戈里所制定的三个步骤进行的：净化灵魂，摒弃自我；启迪灵魂，恭随圣灵；尔后与上帝合一。这些步骤与地理学具有相关性：步入一片月光闪烁的沙漠，登上云雾缭绕的山峰，尔后隐入深邃厚重的浓云。这条朝圣的路线并不是从黑暗到光明，或从谷底到山峰，而是几乎相反的——随着人之灵魂的上升，他就得以更深入地洞穿神性，而阿索斯圣山的黑暗和神秘就越发神圣。[10] 44

提到阿索斯圣山，是因为它是把山视作圣者离去的废墟、神灵消逝的故地的盛行论述中，一个与众不同的例子。土匪和女巫出没的山，曾被视为对神的亵渎之所而非圣地。自17世纪起，对山的态度开始往积极的方向转变。这当中有许多原因，其中有些涉及我之前提到的奇怪缘由，即山的存在是上帝为了使水更均匀地分布而安排的。除了这些神学或是类科学的解释之外，还包括如下几个重要因素：18世纪人口增长导致农民向山腰斜坡上迁移，使得山不再那么可怕；道路系统得到大幅改进；对冰川的科研兴趣的增长；纯净的高山空气被视为有益健康；逐渐出现的对“崇高”的审美需求。

最后两个因素受到了两极化价值中高与低、身体与灵魂的影响。山上有纯净的空气，而低地的空气则浓密而不那么纯粹。从某种程度上说，这只是对事实的陈述：人们可以用汞柱测量空气的压强，而汞柱的长度是随海拔升高而减小的。然而我们马上能产生一种精神上的解读。那些在浓密的空气中长期生活的低地居民，常被认为是懒惰而嗜睡的，因为他们的血管在高压下会收缩。[11]为了克服这种
45 情况，自19世纪50年代到20世纪初，人们在欧洲的阿尔卑斯山和美国的落基山上建立了各式的疗养院。人们获得健康是物质的收益，而善于思考的住客也会在精神层面有

所领悟。毕竟，他们在山间疗养时不得不将生意的烦恼置于脑后，亦不能——即使他们渴求——放任欲望之躯随意行动。他们仍然警觉而清醒的思想，在逃离日常束缚之后唤起了高邈的想象。有时，他们或许甚至将置身山间疗养院的虚弱躯体视作获得美学与精神方面满足的契机。

然而，托马斯·曼在他的小说《魔山》中将这些价值完全颠倒了。在他看来，瑞士阿尔卑斯山区的疗养院和其中来自各国的住客，是“一战”前夜堕落的欧洲的缩影——那是一个富有而纷繁的世界，沉溺在温柔而病态的死亡气息里。这样的地方，为何如此远离低地正常人富有生机的生活？“高”确实暗示着智慧和精神，而“低”则暗示着身体与物质。然而，一种相反的理解同样是可行的，比如“高”可以暗示一种即将经历衰落的孱弱与冗杂，而“低”则可以暗示健康与活力。

现在我们来看第二种要素，即一种18世纪渐渐流行的被称作“崇高”的美学概念，阿尔卑斯山高耸的山峰正是对这种概念最好的诠释。登山逐渐变成一种时尚。早期的登山者是一些穿着得体，其后跟随着众多侍从的贵族；那时，登山是一项需要有序的组织与充足的资金的事业。在那之后的19世纪中， 46
年轻的知识分子成了登山的主力。他们登山多是出于一些自身的原因，譬如想体验山地阴森神秘的美，或是体验身处险境的刺激，或是只想临近死亡。他们的队伍规模小一些，或三人或两人，因为他们更渴求自给自足和单独行动。[12]

立于寂静顶峰的登山者们，必定感到某种异样与超然，即使他们并不一定承认这一点。德国哲学家阿图尔·叔本华一定也有同感。“他对竖向的变化有敏锐的感觉”，一位传记作家曾这样写道。这种感觉“将他抛向了上空。只有这样，以鸟瞰的姿态，水平面才变得可以忍受”。叔本华用毕生可能的时间登山，他尤其喜欢在日出时登山。“那是狂喜的瞬间，他会把这些记在他的旅行笔记中。在他之下，一切皆在黑暗中沉睡，而他却已沐浴在阳光中。在他与这尊贵的天堂之躯私会时，脚下的山谷却仍笼罩在虚无中。在这里，在他的高度，他亦能从宇宙中寻觅欢愉。他就是那个狄俄尼索斯，只是他不在底层施予，而是在绝顶播洒恩泽。”[13]

欣迎挑战，留下记录，驾驭危机，邂逅超脱于现世的
47 美丽，当人类都在虚妄中沉睡时，立于众人之上、浸于朝阳之中——这正是19世纪乃至20世纪人们挑战高山的一些主要原因。大概除却最后一点，其他理由都显得无比天真。或许我们都心存超越旁人的渴望，那是被浮华的成就所激励的诉求。评价谁才是更好的厨师、学者、将军抑或政客的标准多变不一，因而在社会中取得的成就极易受到挑战。

与之相比，依靠体魄能力的赛跑和跳高，则能够以某个标准衡量。登山亦是如此，但又不同于赛跑与跳高；登山具有更显著的象征意义——那个到达巅峰、骑跨峰塔之人，显然比他未及顶峰的懦弱同党们杰出得多。

何人适于担任统治者的角色？与勇敢的登山者相比，谁可以将意志的胜利诠释得更加淋漓尽致？20世纪20年代，仍在试图从战败的屈辱中恢复的德国，不仅最先普及了登山活动，而且最先将登山引入电影。在这期间，《命运之山》（*Mountain of Destiny*，1924年）、《圣山》（*Sacred Mountain*，1926年）、《奇峰帕鲁的银色地狱》（*The White Hell of Piz Palü*，1929年），以及《蓝光》（*Blue Light*，1932年）等电影呈现出超乎常人的英勇和坚毅。

这类电影中，常常出现一位壮士立于山顶，被阳光照亮，而山下万物尚在沉睡。希特勒被这样的电影，以及先是作为演员，而后作为导演的莱尼·里芬斯塔尔所深深吸引。被希特勒说服的里芬斯塔尔，记录了1934年纽伦堡纳粹党的集会，并创作了《意志的胜利》（*Triumph of the Will*）这部纳粹宣传片中的经典。这部电影和其他相关影片 48
中一个常见的画面便是希特勒站在高台上，而在他之下是
那些淹没于其浮华辞藻中如痴如醉的普通民众。[14] 49

/ 海 /

第三日，上帝将天下的水“聚在一处，使旱地露出来”，当这也做成时，上帝看这是好的。“地要产生新鲜的菜蔬……事就这样成了。”而水呢？“水要多多滋生有生命之物”，事就这样成了；但那万灵之中也包括海怪利维坦。显然上帝钟爱陆地，因为他把伊甸园立在那里，而在园中他创造了最美好的生物——亚当和夏娃。而海，却仍不令上帝感兴趣。直到20世纪的浪漫想象中，海仍是那样原始，那样无休止地躁动，那样残暴又含混无序；文明在它的波澜中诞生，又在它的深渊中轮回。对于《启示录》的作者而言，时间尽头的理想世界是抽离了任何流体和生物的领域——一座没有植物的几何晶状城市，一个“不再有海”的世界。

即使到了18世纪，人们也不愿去海里冒险。两位远古时代的航海者——奥德修斯和伊阿宋——也不愿如此。奥德修斯只一心想要回家，而且如果不是遭到波塞冬那个独眼巨人怪物之父的憎恨，奥德修斯大可以更早回到家乡。与此类似，伊阿宋也并不是个航海者：他只是想寻找遥远
53 国度的金羊毛。尔后，基督教把朝圣之旅变成了精神生活

的自然象征，但水域中却从来没有救赎的意义，即使到达圣地的旅行必须穿过水域。在但丁的笔下，尤利西斯虽因展开寻找美德与智慧的航程变成航海英雄，但他情愿放弃家庭的做法使其蒙羞。莎士比亚笔下的英雄从未自愿出海冒险——那是难于忍受的苦难，通向重生的死亡，一次为建造永恒之城的审判。[15]

陆地之外即是《圣经》中所说的“诸水”，或者是希腊人所指的“大洋河”。大洋河的河神俄刻阿诺斯是希腊神话中的一个泰坦，宇宙的原始神之一。如果去掉拟人的部分，那么大洋河便是一条无法被风暴动摇的环绕世界的巨大河流。希腊人是很好的水手，他们能够轻松驾驭那把圆形陆地两等分的海。除了柏拉图后来关于沉没的城市“亚特兰蒂斯”的故事，希腊人对其眼中那片最广大的地中海的西缘之外，即越过被称作“海格力斯之柱”的直布罗陀海峡两岸耸立的海岬的那片广阔海域鲜有兴趣。换句话说，减少对海洋的恐惧的办法，就是缩减它的尺度。制图师们从古希腊到地理大发现的时代一直在做着这样的事。的确，哥伦布对向西航行到达陆地的时间的乐观估计，是以制图师低估了将要跨越的大洋的面积为前提的。 54

从另一种角度来说，人们总有夸张陆地面积的倾向。

造成这种夸张倾向的原因，除了包括人类在陆地居住的事实外，还包括人类对对称性的偏袒。希腊人显然在设想地中海把陆地分为两部分的时候表达了这种偏好。之后，随着欧洲人了解北半球陆地的尺度，他们认为类似尺度的陆地也可能在赤道以南存在。法国探险家路易斯·安东尼·布干维尔和英国探险家詹姆斯·库克在18世纪的探险主要是为找到南部大陆。他们失败了，只有澳大利亚的发现可作为其聊以安慰的奖励。

海洋的范围在18世纪末最终得到确定。尽管它确有边界，而远方的地平线也并没有想象的那般遥远，然而海洋在人的心理层面上仍能唤起浩瀚的感觉。能唤起这浩瀚的是未知，而未知使人感到失控和威胁。的确，在现代社会之前，许多土地也因为是未知的而使人感到广袤而充满威胁。不过，因为在陆地上的大多数地方都有人眼可辨认的细节或是熟识的特征，这种失控的感受能被缓解。这些特征的存在使陆地总体的陌生感和尺度都缩减了许多。

眼见为实，但海面上有什么可以观察的吗？除了经验
55 丰富的水手，它对于其他人而言就是一片空白的布。海洋的深度同样加剧了海的未知性。水域的深度是陆域所没有的；人可溺死于水中，而陆地则支撑着他。海洋到底有多

深？直到19世纪，才出现了一些严谨的测量尝试。与此同时，人的想象亦变得漫无边际。莎士比亚在《理查三世》（第一幕，第四场）中表达了这种意向，他让克拉伦斯在梦中陷入“大海汹涌的浪涛里”。

> 主啊，我仿佛觉得那就是淹死的痛苦！我耳里的波涛声多么可怕！我眼里的死亡景象多么狰狞！我好像看到了成千条凄凉的沉船，上千个被鱼群咬食的尸体。海底下到处是一锭锭的黄金、巨大的船锚、成堆成堆的珍珠、不计其数的宝石，还有价值连城的首饰。有的躺在死人的头骨里，有的躺在曾是眼睛的窟窿里。宝石似乎在嘲弄着眼眶，一闪一闪地跟滑腻的海底眉来眼去，逗弄着四散在各处的死人骨殖。*

海洋有它的情绪，就像动物一样。它可以不可思议地平静。大西洋中部的海面可以持续几天甚至几周如镜面般平静。在过去，航船到了这里便静止了。人们期望借助一 56
阵轻风使船开动，于是把货物和奴隶纷纷抛入水中。甲板

* 译文出自《莎士比亚全集》（第三卷），莎士比亚著，朱生豪等译，译林出版社2016年版。——译注

上也无比寂静，以至于忧虑的水手可以听见他们自己的心跳。神秘的平静是海面的一种极端情绪。而在另一个极端，大海亦会咆哮——它的浪会像愤怒的野兽般摧毁一切。海也可以变得狡猾，把航船诱进它致命的大漩涡。大漩涡是当猛烈的洋流遇到强大的潮汐时生成的水体涡流现象。其强大的下拉力足以吞噬小型船只。但在想象的世界里，漩涡变身为一只猛兽。在《荷马史诗》中，奥德修斯不得不在靠近大漩涡卡律布狄斯航行与靠近六首怪物斯库拉航行之间做出选择。在《大洋图》（*Carta Marina*，1539年）中，漩涡被描述成靠近挪威海岸盘绕的长蛇。然而没有什么可以比拟两位19世纪作家埃德加·爱伦·坡和儒勒·凡尔纳的想象力。以下是坡的文字：

> 突然——突然一下子——就成了个清清楚楚、确确实实的圆形漩涡，直径有半英里开外。涡圈是宽宽一道闪闪发亮的浪花，浪花却一点都不漏进那巨型漏斗的口里，极目望去，只见这个漏斗的内部是圈滑溜溜、亮闪闪、黑黝黝的水墙，同水平线构成45度左右的斜角，速度飞快地转啊转地直打晃，晃里晃荡，翻
> 57 来滚去，转得人头昏眼花，而且还向四面八方发出可

怕的声音，半若喊叫，半若咆哮，连气势磅礴的尼亚加拉大瀑布，也从没向苍天这么哀号过呢。[16*]

爱伦·坡描绘了一个咆哮的海恶魔。被其吞噬即是永远地消失，或是被撕成碎片再吐出来。海洋无垠而充满恶兆，因此人们在想象中用奇异的生物把它填满。古希腊人和古罗马人（荷马、亚里士多德、老普林尼）都丰富了这些传说。中世纪的制图师，正像我们所了解的那样，也在已知世界的边缘绘上怪异的野兽。这些对海洋的想象延续至19世纪的事实令人感到意外——在人们对海洋的实际大小已经有所了解，并且原始的海洋探索技术已经出现的时候，这些神怪论实在有些过时了。

人们或许曾认为，海的神秘会伴随着更多知识的获得而降低。事实并非如此，也许是因为海洋实际的深邃、黑暗和寒冷程度远远超越曾经的想象，它更加令人感到疏离。关于海洋及其访客的作品总是很畅销。儒勒·凡尔纳的小说《海底两万里》（1869—1870年）的流行，反映了其同时代人对掺杂着现实的幻想故事的强烈反响。对深海的热衷一

* 译文出自《爱伦·坡短篇小说集》，爱伦·坡著，陈良延等译，人民文学出版社2015年版。——译注

直持续到我们的时代。1964年，迪士尼公司把凡尔纳的小说拍成了电影。那是当时最具雄心的改编作品之一，有众多主
58 要明星和一座造价不菲的“鹦鹉螺号”模型参与其中。这部电影的成功，使凡尔纳的故事在迪士尼世界中被奉为经典。然而，在主题公园里，再具独创性的设计也只能复制出一个缩小的、有些像玩具的版本；水池中的一段潜水艇旅程，是对小说与电影中自深渊中投射的惊险和恐怖的亵渎。

凡尔纳的文学造诣使其得以生动地描述神秘的水中世界。他笔下的海怪包括“一个绵延的生物，有细长的身形，偶尔发出磷光，而又比鲸鱼巨大且敏捷得多”；以及那75英尺长的抹香鲸，它硕大的头颅占了整个身体的三分之一，而它的大颚中有25颗巨大的獠牙。但其中最恐怖而令人厌恶的则是巨型食肉章鱼。它有八只长有吸盘的触角，靠虹吸作用强烈地喷吐海水推动其前进。对于这个大致准确的描述，凡尔纳增添了几笔恐怖：

> 这只海怪的嘴巴——像鹦鹉喙一样的角质喙——上下张开或合拢。它的角质舌头上长着好几排尖牙，伸出来时活像一把剪刀。大自然真是稀奇古怪！一只软体动物长着鸟喙！它那梭状的身体，中间鼓起，像

> 一个肉坨，大概有2万到2.5万公斤重。它身上那不稳定的颜色会根据它恼怒的程度以极快的速度发生变化，从灰白色变成红褐色。*

那巨大的章鱼想用它挥舞的触须摧毁“鹦鹉螺号”。当潜水艇终于浮出水面时： 59

> 其中的一个船员站在中央扶梯的最后几级阶梯上，松开了舱盖的螺栓。但是，螺母刚松开，舱盖就被极其猛烈地打开了，显然是被章鱼触角上的吸盘给掀开的。一根长长的触角随即像蛇一样，从舱口探了进来。**

那些触角从船的侧面摸爬上来，而当船员们用斧子和它们搏斗时，那怪物喷出了一股黑色的液体，然后就消失了。同时，那些被砍断的触角“在满是血与墨的甲板上蠕动着”。[17]

凡尔纳的书因表现原始与文明的极端状态而使人陶

---

* 译文出自《海底两万里》，儒勒·凡尔纳著，沈国华、钱培鑫、曹德明译，译林出版社2018年版。——译注

** 同上。——译注

醉——身体与大脑、黑暗与光明。而光，对凡尔纳来说，是电灯的光。电灯是那个时代的新奇事物；这一理性的创造继而又成为理性的符号。书中除了有“鹦鹉螺号”上复杂小巧的机械，更以欧洲文化的高度文明为荣。在尼摩船长带着阿龙纳斯教授参观的时候，阿龙纳斯写道：“当我经过了那扇门，我发现我置身于电灯点亮的走廊……随后我进入餐厅，（那里）有镶着黑檀橡木的壁板。在他们的橱架上闪耀着瓷器以及无法估价的玻璃器皿。”图书馆里有“大量的藏书，它们有统一的装订。那儿的沙发被褐色的皮革包裹，它们的弧线可以保证最好的舒适度”。在一个画廊中，“几个学派的古代大师在这里得到展示：一张拉斐尔的圣母像，一张列奥纳多·达·芬奇的处女像，一幅柯雷乔的女神像，一幅提香的女人像，一幅委罗内塞的敬拜，一幅
60 牟利罗的圣母升天，一幅荷尔拜因的头像，一张委拉斯开兹的僧侣……在一些最精美的古董之后，一些精美的铜像和大理石像立在这座壮观博物馆角落的基座上”。[18]

在这本书的最后，“鹦鹉螺号”和它的船长被卷进了挪威海岸附近的漩涡。他们命运未卜。但这都是虚构，是促使人产生些许愉悦的颤抖的文字。在“泰坦尼克号”的命运中，现实超乎虚构。是的，“泰坦尼克号”没有被卷

入漩涡；1912年4月15日，它因在纽芬兰外海撞上冰山而淹没。然而，从目击者的记录以及三部围绕这一灾难的电影的视觉刻画来看，这艘船在倾斜了45度将要跌入深渊之时，就好像被什么吞噬了一般。这正证明了在人与自然无休止的争斗中，人造的“泰坦”无法与海洋，即希腊神话中的“泰坦”抗衡。大约1 500名乘客身亡，他们的骸骨被困在瓦解了的钢铁巨匣中，长眠于距海面2.5英里的深渊之中。

儒勒·凡尔纳迷恋“鹦鹉螺号”这一人类之创造。它以其尺寸（232英尺长，26英尺宽）、速度（50节）与强有力的引擎而骄傲。“泰坦尼克号”的拥有者们同样因其尺寸（882.5英尺长）、速度（24节到25节）而感到自豪，但最著名的，还是使其“永不沉没”的防水设计。“泰坦尼克号”是当时人类历史上最大的运动物体。同时，它是一座 61
不惜重金打造室内装饰和家具的海上宫殿。A等仓的大休息室有巨型玻璃穹顶、橡木壁板、装有铸铁蔓叶纹饰的精美绝伦的栏杆，以及“一座俯视着这一切的无与伦比的壁钟，其上两个用于装饰的女神铜像，代表着被荣耀与光辉加冕的时光”。一位灾难的幸存者满怀热情地形容餐厅的地毯，说它已经厚到“可以淹没到你的膝盖”。而其中的家具

“太重，你根本就无法抬起它”。[19]不言而喻，那里的餐具和刀具、高脚杯和酒具、床单和被衾都是最好的。而由于那是“泰坦尼克号”的处女航，连一只杯子、一张床单都没有被使用过。

“泰坦尼克号”的命运显示了从秩序到混乱可以多么简单和迅速，好像它们之间只有薄薄的隔层。我们不禁要问：在今天的世界，去哪里寻找那最纤薄的分隔，那呈现着秩序与混乱、文明与原始两个极端间最强烈对比的地方？因为飞行变得如此普遍，人们或许会想到飞机内部与外部空间的分隔。在飞机里，我可以平静地坐在柔软舒适的椅子上读一份杂志，偶尔瞥一眼舷窗，欣赏壮丽的天空和被夕阳照耀的朵朵白云。此时微微感到的紧张并非毫无道理，
62 因为如果飞机爆炸而我被甩入高空，剧烈的寒冷会瞬间置我于死地——即使这极度的寒冷并非怪兽，因为空中旅行和高空未被古代神话提及。

然而，在一艘大船上横跨大洋的经验提供了更高层级的对比。船内是文明，甚至可以说是“过度的文明”，因为船上的社会有比陆地上更精密的分层，船长就好似圣王；人们比在陆地上更频繁地身着正装，在水晶吊灯照亮的高屋顶下享用晚餐。晚上从远处看去，这艘船就像闪耀的宝

石在漆黑的海面上平静地移动。若有旅客靠在栏杆上望向这海面，如果他或她哪怕有一点想象力，都会为这深邃的恐怖与其中必然出没的诡异生物战栗。还有哪个自然/文化分隔比这更加绝对吗——一面是人们悠闲散步的甲板、维也纳的华尔兹和社交时的闲谈，另一面是阴暗、潮湿、冰冷的未知世界？[20] 63

/ 森　林 /

猿，我们遥远的祖先，曾生活在热带雨林中——那是一片冗然而层叠的环境。在那里生存，需要动觉与感觉的敏捷性。在那之后，大概三百万年前，它们的后裔——原人——离开森林并迁向开阔的稀树草原。在这片开敞的背景下，它们逐渐获得了直立双足行走的姿态和高容量的大脑。我们的祖先因离开森林而真正进化为人类。由生物与进化论的角度来看，这是一次无比幸运的变革。然而，栖息地的改变是否造成了连带的改变？比如人类逐渐认同开阔的草原而鄙斥茂密的森林，逐渐向往光明而摒弃昏暗？我提到这一点是想说，人类对森林的排斥可能是根深蒂固的，并形成于其从猿（密林），到原人（稀疏森林），再到人类（草原）的过程。

在过去大约五千年的历史时期，人类对森林的态度是混杂的。那些在某一阶段返回森林的人，可以适应其环境，而不必大幅改变自己的生存方式。狩猎—采集文明就是这样的例子，他们往往发现雨林是物产丰富的地方。在刚果东北部居住的姆布蒂俾格米人（Mbuti Pygmies）给我们提

供了一个生动的例子。那里与雨林的接触十分紧密。婴儿会在混合着森林藤蔓汁的水中洗澡，而森林则被视为他们 67
的保护者和生命的给予者。青春期来临时，女孩们象征性地触碰森林中的藤和叶，以此表示与森林建立新的联系。少男少女常常在森林中靠近溪边有着一小片日光或月光的地方做爱。当人类学家科林·麦克米兰·特恩布尔问起一个姆布蒂人其独舞的原因时，他表示其并非一人：森林和月亮与他共舞。当危机或灾难有时难以避免时，姆布蒂人会试着唤醒森林中仁慈的神灵——它将体恤其困境并来拯救他们。然而，只有一种困境——死亡——是无法被神灵拯救的。当死亡降临时，姆布蒂人会说，“黑暗笼罩着我们——但若森林允许，黑暗亦是良境”。[21]

因此，一个森林中的伊甸园是可能存在的。但在此之前，我们先假设人们试图并有能力改变他们的生存环境。为了创造空地，人们砍伐树木，种植作物，建造棚屋。此时围绕着空地的森林呈现出一种十分不同的面向：并非像之前那样具有安全和保护感，而是充满了邪恶的气息。与姆布蒂人相邻的班图农夫们就有类似的消极反应，因为森林中的动物总是抢劫他们种植的作物。再者，开放的空地使阳光得以照向地面，使森林植被不断侵占耕地，与农作物强烈地竞争。自然，可以对狩猎—采集者像朋友般友善，亦可以对实践烧耕的农夫如敌人般苛刻。[22]

如果森林和草地的边界地带长期相对稳定，则可视作
68 一种“自然”的状态。在这种情况下，居住在草原上的人不会感到森林的威胁，尽管那里的野生动物偶尔也会入侵甚至造成混乱。生活在开赛河流域的勒丽人（Lele）就是个很好的例子。勒丽人居住的草原靠近刚果森林的边缘，刚果河的支流开赛河从其中奔流而过。虽然他们在那里创造了一片被人改造的世界，却并不以此为傲。他们认为，自己所生活的这片暴露在阳光下的土地干燥、贫瘠、极度炽热，且只适于花生生长。他们居住的棚屋轻薄且易受虫蛀，需要时常修补。与草原区相比，与其邻近的森林凉爽而诱人。勒丽人在层层树荫下感到放松和舒适，况且森林还是很好的猎物和可食植物的来源。当勒丽人描述那像子宫一般给人以安全感的森林环境时，他们从不吝惜使用赞美的词汇。[23]即便如此，他们也没有因为森林生活的简单惬意而放弃更为艰苦的农业耕作。回望历史，世界范围内变革的走向总是与直觉背道而驰：人类从一种舒适而依赖丰饶自然环境的生活方式，转向一种依靠警惕性和汗水的更为费力而紧张的方式。

大约在一万两千年前，人类发明了农业。在很长的历史时期里，农夫们在森林的荒蛮之中艰难地维持着属于人类的世界。[24]数千年来，农夫们一直把森林看作威胁。森林的确提供了木柴、建材和猎物，但只要人们穿过了丛林边缘，就将置身于强盗、野蛮人、危险禽兽，以及邪恶灵怪出没的地域。一些词语中铭刻着置身森林深处的人之恐惧。
比如，英文中意指“野蛮”的“savage”一词，是由一种 69
叫作“silva”的树木演化而来；而意指“异客”或“外人”的“foreigner”一词，与“forest”（森林）有相同的词根。在一本17世纪中叶的字典中，用于描述森林的词语包括“可怕的”、“阴森的”、“野蛮的”、“怪异的”、“忧郁的”和“怪兽萦绕的”。[25]即使是在18世纪，绕过森林去访问亲戚或处理生意也是非常困难的，因为森林占据了陆地的大部分区域。

童年的我们多少都经历过的恐惧之一，便是被抛弃。很多童话故事，以至那些可追溯于18世纪的民间传说，述说了那些被遗弃在“深林”中不得不独自生存的孩子。于孩童而言，比成人还高的树木如同巨人，高耸屹立，遮天蔽日，使他们陷于一个充斥着邪恶野兽和幽灵的扑朔迷离的世界。那些在森林中存活下来，并终于见到阳光普照大地的孩子最终长大成人。森林因而在童话故事中成为孩子成长所必经的试炼场。令人欣慰的是，他们并不孤单，他们会经常遇到一个友善的巨人抑或向导。童话故事经常还会更进一步给孩子以慰藉，告诉他们森林也有尽头而并非无穷之境。[26]

如果说温带森林让人望而生畏，那么热带雨林就更是如此——特别是对于那些迷失于此的外来者——过度的繁茂令人望而却步。不同种类的树木生长到不同高度，营造出一个层林笼罩的冠盖。藤蔓植物从一棵树攀搭至另一棵树。人的视线被向各个方向伸展的繁茂枝叶阻隔。若在这纷乱的生物群落中迷了路，那便如噩梦。这些丰饶且缠结
70 不清的生命体，仿若一个令人悸恐的巨兽，迫不及待地将一切进入其身体的事物吞噬蚀没。除了视觉上的混乱外，还有自八方而来的怖人之音。雨林如坟冢般的寂静可以没有先兆地被打破，变成充斥着咆哮和尖叫的疯人院。美国作家亚历克斯·肖马托夫在20世纪70年代考察了亚马孙的一个村庄。这是他对雨林之音的描述：

密集而有节律的声响在沉睡的村庄里回荡。螽斯发出响亮而沉稳的嗡嗡声，巨大的蟑螂嘶嘶地叫着，

> 树蛙咯咯不休，其他的昆虫也不知疲倦地重复着不同八度的鸣声。通过回声定位猎物的蝙蝠，随机地发出轻柔的断音，如同雨打湿屋顶的声音。[然后掠食者吼猴出现了。] 有时在午夜时分，我会被深林中传出来的一种神秘诡谲的声音惊醒——那是吼猴疾风暴雨般的嘶鸣。那声音就像是由数以百计的吼猴发出的，虽然可能远远少于这个数量。那不绝于耳的咆哮声相互纠缠着。我从来没有听过如此狂野骇人的声音。[27]

对于一个习惯了举止安静的欧洲人来说，非洲土著也会被其视作极为吵闹的。如一篇写于1623年的文章所述：“这些鼓手白天都有日常的工作，只是夜幕降临后他们开始修整开放的院子，然后在此一直敲鼓、跳环、歌唱，制造 71
一种异教徒般的声响，直到黎明破晓的时刻——这是他们持续多年的习俗。”[28]两百年之后，另一位白人抱怨道：“在非洲，不管一个人是健康还是有疾，其实都是一样的，平静或安详都无处找寻。相比于动物的吵叫声，说真的，我们更会被妇女喋喋不休的聊天声所恼。这些声音时时刻刻萦绕于耳，我真的觉得于她们而言，只有疾病和死亡才会让她们安静下来。”[29]对于视噪声为粗俗的欧洲人来说，这种总是寻求和他人在一起，而且总是寻求将自我意识置于不间断的噪声中的人们都是粗鲁的、野蛮的，或者简而言之，是进化不完全的。[30]

气味是生物的一个特性。在某处的生物越多，这个地方的气味就越发刺激。热带雨林无疑是地球上天然的最难闻的地方之一了。然而生活于此的人们却几乎没有意识到气味的侵袭。他们最初可能感觉气味无可阻挡，但这很快就消解了。欧洲人会觉得浓烈的热带气味怡人吗？或许只有那些抱怨本国缺少气味刺激的欧洲人才会这么想。从另一方面来看，当感到身体不适或迷失方向时，欧洲人可能觉得那些气味意味着腐烂与变质，而非生长与生存。在19世纪，欧洲人开始相信他们称为“邪恶的瘴气”的东西。它们源于被翻开的土壤和腐烂的植物。被风携带和扩散着
72 的这些可扩散物在哪里着陆，便会在哪里引发疾病和死亡——因而，热带雨林也有着“白人的坟墓”之名。一个英国人于1881年写道：

> 无论哪个方向的风盛行，在具有吸湿性大气的协助下，那些伴随热带快速的腐烂过程所生成的物质，悬浮于云朵之下的特定地方，像毒气般侵害着任何与

> 其接触之人。人们对这些可扩散物中的有毒成分有非常明确的认识，因而居民关闭门窗阻挡陆风，而且经常在其卧室里对空气进行加热祛毒，即在他们临睡前的一段时间里在卧室里放入一个燃着木炭的小炉。[31]

当我们了解到这些建立在持续了数个世纪、由自称“文明人”的群体所宣扬的“先进—落后”两极化价值观之上的观点，森林被视作进步的阻障也就不足为奇了——它们需要被清除以使光明和理性进入蛮荒之地。在西方，这种观点至少从盛行天空崇拜的古希腊和古罗马时期就已经很普遍。森林的庇荫被视为令人厌恶的东西，因为它阻隔了作为明晰和秩序的来源的太阳和星星。[32]所有高等的文化（文明）都受到来自天空的启发，却对森林不屑一顾，即使其生存有赖于森林中的树木和猎物，即使他们在宗教和诗歌里为森林唱颂。比如，作为全世界土地最裸露的国家之一，中 73
国盛行着强调尊重自然的道教。然而对道教徒而言，自然更多地意味着一棵极具画意的树或是寺庙旁的一小片松林，而非一片森林，更不是一片纷繁茂密的热带雨林。在东汉年间（25—220年），华北平原上的人们开始大规模地向南方迁徙。在那里，他们初次看到大面积的热带植物，可他们并不为这眼前所见而欢喜。当时的一首诗歌展现了他们对此感到的恐惧和厌恶。

> 罔兮沕，憭兮栗，虎豹穴，丛薄深林兮，人上栗。
>
> 嵚岑碕礒兮，碅磳磈硊。树轮相纠兮，林木茷骫。[33]

不过，上述例子发生在古代。到了20世纪末，全球各地已摆脱了神学传统的“理性者”不再惧怕森林，而是看到了森林有价值的一面。他们将森林看作有用的资源，或是需要被保护甚至修复的美好事物。在讨论森林修复这个议题时，一个经常令人困扰的问题，是应该把森林修复至过去哪一个时间段的何种状态。世界上最大的两个雨林是刚果雨林和亚马孙雨林。在欧洲人来此拓荒之前，这两个雨林是从未被破坏过的绿毯的假说，被证实是错误的。首
74 先，以刚果雨林为例。大概两三千年前，班图人从现在的尼日利亚东部迁移到刚果。既是农耕专家亦是炼铁专家的班图人，通过砍伐雨林中的树木来开展烧耕农业并炼铁。简而言之，他们深刻地改变了雨林。[34]亚马孙雨林在一两千年前发生的变化更为巨大，因为一种文明的生活方式从那时起在亚马孙盆地西端繁荣起来。这里所说的“文明”是

一种崇尚简洁和明晰的价值体系——雨林的深处散布着一些方形、八边形、圆形、长方形和椭圆形的深坑。因为有些土坑可达20英尺（约为6米）深，一个早期的假设是其具有防御功用；然而，因为没有在那里发现任何人类居住和耕作的遗迹，这个假设后来被推翻。几何图形可能具有某种宗教的意义。如果确实如此，那么这种宗教可能只是某种形式的原始太阳崇拜，而非后来出现的那些与雨林环境抗争的锄耕农作者所开展的植物和动物崇拜。

亚马孙丛林中诸多考古遗迹所指向的另一个引人注目
的事实，是那里的森林采伐发生过不止一次：文明浮现、
衰亡，继而被森林取代的过程数次循环出现。这种反复表
明，古亚马孙人并不擅于吸取祖先的教训。抑或他们别无
选择，一旦有重启通往文明之途的机会，他们便无法抵御
这种诱惑？与密林抗争、以简去繁、将光明带入黑暗的欲 75
望自古难于抗拒，而绝非现代文明才有的反常现象。[35]

文明鼓励个体展现才华，他们的思想和行为会被认可和记载。写作由始至终支持着这个进程：首先，它被宗教用以规范礼拜；其后，它被政府行政人员和商人用以展开记录和协调合作；最终，当个体拥有了写作的权利，写作的功能便不仅是记录，还可以详尽阐述写作者自身及他人

的经历。热带文明没有为我们留下记录个人观点和思考的文献。因此，我们很难了解那些还未受到欧洲文明影响的亚马孙雨林居民是如何认知其生活和世界的。会不会有人浪漫地渴求体验雨林居民对其生活环境的原始情怀？这个问题并不荒谬，因为“怀旧”是当文明达到一定程度便会出现的情绪——这似乎是人性法则。

中国人一度向往“黄金时代”，那便是其将往昔浪漫化的方式。在道教的影响下，那些在强大而辉煌的帝国供职的儒家朝臣，开始对这种生活感到厌倦，转而寻求回归朴素的生活。尽管如此，中国人的“怀旧”也很少包括对未开化或原始的生活方式的向往——他们并不钦羡野蛮人身上那种动物性的活力和野性的优雅。[36]欧洲的作家和艺术家却有所不同。他们已然厌倦了那种与叮当的茶杯声和白色的遮阳伞相伴的生活，而渴求那种存在于原始人身上的生
76 命活力。他们中的一位，安德烈·纪德，于1925年到访中非。他在那里的体验充斥着矛盾。他喜爱黑人，喜爱“他们欢愉的肌肉，和他们粗野的热情”。他觉得他们的嬉戏是那么的“迷人”，他们的笑声是那么的“直率”。他看着他们“如鳗鱼般”在水中闪现。[37]纪德笔下的非洲人有如好看的动物。尽管他憎恨白人殖民者和商人对非洲人的剥削，

但这无异于——我猜想——他憎恨将纯种阿拉伯马变成驮马一样。

对于非洲的景观，纪德觉得它的广袤和无垠是对个体自我意识的一种威胁。他在小范围内可以欣赏大自然的陌生感，然而“那种巨型感，那种不确定性，那种方向感、设计感和组织架构的迷失”让他感到不安。文化意味着区别对待。为什么非洲人不树立标识表明这是最高的山，那是最湍急的河或最壮丽的日落？尽管他这样抱怨着，然而纪德逃往非洲恰恰是因为他厌倦了欧洲那种偏好组织结构又以个体独立为荣的矛盾结合。[38]

从阅读量、研究深度和影响力上看，有关刚果的诸多小说，无一能出于1899年出版的约瑟夫·康拉德所作《黑暗的心》之右。如果象征性地看，人们可能认为题目中的“黑暗”泛指非洲，亦特指刚果雨林；但其实不然。如果康拉德所说的“黑暗”是指人类心灵的黑暗，为何故事的背景是非洲，特别是刚果？事实上，书中对地理环境的描写并不多。同时，在康拉德的描述中，“光明”一词比“黑暗”或者“黯淡”更多地被提及。这又是为什么？从某种 77
层面上讲，上述问题的答案可以从书中所描述的场景中一探究竟。故事常常发生在沿河与河畔区域；在热带正午的阳光下，这些地方总是洒满炫目的光芒。从更深的层次来看，“光明”和“黑暗”指的是一种精神—道德状态，即并非“光明”或“白色”总是代表好的方面，而“黑暗”或“黑色”代表不好的方面。康拉德的“黑暗”是潜于我们身体内核之中的恶魔，无论我们外在是如何有修养、如何纯洁。对他而言，溯刚果河而上是适时地回到过去——那里既有纯真，也有丑陋和狂乱。

> 汽艇沿着这一片黑色的不可理解的狂乱情景慢慢前进。这些史前人是在诅咒我们，是在向我们祈祷，还是在欢迎我们——谁知道呢？我们已被切断了对我们所在环境进行理解的通路；我们好似幽灵一般地滑过去，很像是一些面对着疯人院暴乱的头脑清醒的人，百思不解，又暗自感到惊恐。我们所以不能理解，是因为我们已经离得太远，无法记起了，因为我们是在地球开始时期的黑夜中旅行，那段时间早已过去，几乎没有留下任何痕迹——也没有留下任何记忆。*

---

* 译文出自《黑暗的心》，约瑟夫·康拉德著，黄雨石译，人民文学出版社2018年版。——译注

康拉德笔下那个讲述着其在非洲刚果旅行经历的年轻人马洛，是怎么描述穿越雨林的感受的？“他们的确是人类。他们号叫着，跳跃着，旋转着，做着各种可怕的鬼脸。然 78
而想到与这些野蛮而狂热地喧嚣着的人有着远亲关系，会让你心惊肉跳。这想法真是令人厌恶。”[39]

《黑暗的心》反复呈现着光明与黑暗的对立，特别是在尾声。[40]什么事物是美好的？什么可被归于“光明”和“理性”？小说中的白人贸易商库尔兹最初似乎是一个好人，一个矢志将西方的“文明进步”带给非洲土著的具有非凡才能之人。的确，他也是一名成功的代理商，收集到比其他殖民者更多的象牙；然而，殖民贸易的成功只能通过残酷的剥削获得。这种剥削或许在初期是有节制的，却只能以道德的腐朽和消亡告终。是否还有更深层的黑暗与腐化？或许那抽象而强硬的“理性”才是罪魁祸首？在那丛林深处的贸易点，库尔兹将他自己从所有普遍的礼仪和真理中抽离。殖民者库尔兹最终堕落成贪婪的恶魔，那种在康拉德看来如同一条冬眠着的蛇一般，盘绕在我们每个人
心中的恶魔。 79

GB

/沙 漠/

尽管森林曾经令人生畏，但森林中毕竟还有丰饶多样的生命。当森林已不再触发恐惧，我们可以将其视作丰富物质生活的源泉，抑或是提升我们灵魂境地的美好之物。森林需要保护，人类会为其消减而感到难过。与之相比，沙漠则是另一种情形了。它们不断地向前推进，侵胁农田，我们想竭尽所能地阻击它们。无人会提及保护沙漠，除非它是一小片引人入胜的纯净白色沙地（比如新墨西哥州的白沙国家保护区）。[41]

历史上，沙漠是如何被感知和认识的呢？西方文明源起于世界上最大的沙漠之畔。然而以对异域和异族人的好奇心著称的古希腊人，以及那些继承他们传统的后代欧洲学者，一直以来都低估了沙漠的广度。这似乎是因为他们想要否认沙漠威胁了他们的生活。利比亚，地球上的三大基本单元之一，是误会的另一个来源。受荷马的影响，从希罗多德到斯特拉波，希腊的地理学家都认为沙漠是肥沃之地，且面积远小于其实际大小，这是一个互相佐证的双重谬误。另一个对沙漠的低估源于古希腊人对气候分区的

认知。这个认识是基于温度而非降雨；直至20世纪中叶，83
某地气候是热或冷仍然比某地是干旱或湿润获得更多科学层面上的关注。[42]

在基督教盛行、罗马天主教会主宰社会的时期，不难理解为何地理学家难于承认沙漠的广阔范围，因为它的广袤看起来与上帝的神圣智慧相违背。即使在18世纪晚期，科学家詹姆斯·赫顿仍认为地球表面仅有两块干旱的区域，“埃及下缘和秘鲁海岸边上的一个狭长的区域”。[43]它们的实际面积，尽管数个世纪以来已为探险者、商人和传教士所了解，但仍因后者坚持相信上帝的智慧设计而被忽视。

自然神学家并非傲慢地漠视事实的唯一群体。北美洲和澳洲干旱地区早期的定居者也表现出了类似的倾向。确实，源自北美洲的“美洲大沙漠”神话在一段时期中激发了某些东方作家的想象力。[44]虽然如此，大多数美国人在19世纪后期更倾向于在西经100°以西的地区，即美国大平原，发掘农业财富中的潜力。而对澳洲而言，令人畏惧的干旱之核的存在长期被否认。与其说它贫瘠和难以接近，不如说澳洲的探险者坚持认为是一条大河穿过这个岛屿型大陆，或者说一大片水体——内陆海——占据了它的中心。[45] 84

对于那些耕作土地并以此为生的人，门前的沙漠让他们脑海中不自觉地充斥着恼人的画面。善良和邪恶的二元性出现在农艺师当中，且在琐罗亚斯德教教徒中最为明显。这些迁徙着的沙漠部落充斥着暴力和掠夺，这与稳居的农业生活相去甚远。真理和谎言的追随者总是相伴而生。[46]在中国，史书中经常出现的一个主题就是农民和游牧民之间的冲突，文明和野蛮的冲突。中国古诗里提及草原和沙漠总是充斥着荒芜、忧郁和死亡。在希伯来—基督教的信仰中，沙漠是一个咆哮着的、恶灵萦绕的荒芜之地，且总是超出了上帝的辖域范围。一种对沙漠的解释是，上帝诅咒了它，并且它是上帝在亚当降生时于愤怒中所为（《创世记》3：17）。摩西警告他的王民如果他们不能接受上帝的训诫，“他们的天堂将是铜，他们的土地将是铁，他们的雨将是粉末和尘埃”（《申命记》28：23）。[47]直到1849年，美国陆军中尉詹姆士·赫韦·辛普森依然沿用了这个解释。当他穿过新墨西哥州西北部的时候，他注意到那里贫瘠的土地以及诸多荒废的印第安人居所。辛普森写道，上帝必定诅咒过这片土地，让它如此贫瘠，因而迫使这里的居住者迁徙。[48]

人类所向往的生活，绝非是在一片丰饶的土地上像牛那样不断反刍、咀嚼，便心满意足——毕竟，人类是上帝

的子民而非牲畜。至少基于《圣经》的观点，对于拥有更 85
高宿命的人类而言，沙漠拥有完全不同的用途和意义。西奈荒地不仅代表了无序、黑暗和死亡，同时也代表了无上的权力和救赎之爱。流放前的先知将以色列人在沙漠中四十载的漂泊看作上帝距其最近的一个时期。在《新约》中，耶稣被圣灵引到旷野以受堕天使撒旦的试探（《马太福音》4：1），但他撤至蛮夷之地之刻亦是距离天父最近之时（《马可福音》1：35）。引诱和变容都发生在一座山上（《马太福音》17：1—3）。

对立的观点在基督教的早期持续存在着。从公元2世纪到4世纪，基督徒隐士进入埃及沙漠修炼，在那里与撒旦及其仆从野兽们斗争以强健灵魂。与此同时，隐士们相信他们生活在无邪的伊甸园中——进入他们洞穴中的野兽，因为是在人类堕落之前即于此生活，因而愿意服从人类的统治和关照。[49]

“于我而言，一个城镇就是一个监牢，而沙漠的孤寂就是一个天堂”，《圣经》学者哲罗姆（约347—420年）写道。这个观点背后不仅是对世界的浮华和生存环境的厌恶，也是对教会自身越发世俗的反感。隐者寻求物质和人类纠缠之外的自由，因为这些都可能产生干扰，使得冥想上帝之事，或者说“赤裸之人面对赤裸的上帝”的情况变得困难——如果不是绝对不可能的话。[50]什么是赤裸的上帝？一个关于人类灵魂以及上帝的普遍隐喻就是沙漠。正如德
86 国神秘主义哲学家梅斯特·埃克哈特（约1260—1328年）所说：“人类自身和世间事物都犹如沙漠。这个过程即是从万殊性到三位一体的统一性，之后又超出三位一体至‘空旷的神格’，即神格之沙漠。”[51]

从18世纪开始，出于宗教动机的探寻沙漠的努力减退或者消失了。是什么取代了它呢？厌世情绪便是其一。对普通人的琐碎需求、愿望和喜好的厌恶让厌世者在作为生命禁区的沙漠中找到慰藉。因此，当英国作家诺曼·道格拉斯在突尼斯第一眼看到贫瘠的盐碱盆地时，“想到地球之上这些微小的尘埃至少永不会被开垦，不会变成耕地或是草原，不会被那些马铃薯或其他物种的播种机侵入”，他感到宽慰。他还补充道，那“永恒的、不可转变的贫瘠图景”因而被赋予了某种“魅力”[52]。诸多探险作家拥有类似的对沙漠的偏爱，比如英国探险家查尔斯·道蒂、托马斯·爱德华·劳伦斯，以及威弗瑞·塞西格。塞西格得到了穿越阿拉伯空白之地的机会时感到非常欣喜，因为他坚信：“在这些空旷的废地之上，我可以从孤寂中寻得安宁。”但令他震

惊和失望的是，他发现贝都因人（Bedouin）的营地和拖车不仅拥挤，而且异常嘈杂，仿佛他们在试图通过噪声来填补空白。[53]

正如深入阿拉伯沙漠探险的塞西格及其后的劳伦斯所观察到的那样，欧洲的个人主义和对沉寂与孤立的渴望未必能在阿拉伯人中产生共鸣。不过，欧洲人眼中被荒漠占 87
据的阿拉伯的幻影不难理解：在广袤的天空、无垠的荒漠面前，即便是一片拥挤的绿洲也仿若一颗受人类影响的渺小沙粒；当这些定居者从绿洲出发进入荒漠，就变得更为渺小，因为荒漠中的人类印记如同在茫茫大海中一般虚无。在19世纪和20世纪上半叶，欧洲探险家被认为是充满浪漫气息的“探寻者”，因其探险活动亦承载着对个人自由和救赎的寻求。然而，大多数始于个人意愿的征程都转化为彰显其所属国家政治野心的方式。权力政治迟早会战胜浪漫情怀。积极推动阿拉伯人从奥斯曼帝国和欧洲的统治中获得自由的托马斯·爱德华·劳伦斯可能是个例外——即使他被迫在会议桌前看到阿拉伯被外界蚕食，他依然对这些外来者探寻阿拉伯荒漠的个人初衷充满热忱。

托马斯·爱德华·劳伦斯无疑是众多沙漠传奇小说作

家中最著名的——人们对他的了解或许是通过大卫·连于1962年摄制的那部关于劳伦斯一生的备受褒扬的电影。事后来看，劳伦斯在他早年间即展示出了成名的三个潜质：禁欲主义、对开放空间的喜好，以及骑士气质。当他还是青年的时候，他就在精神和肉体上对自己极度苛求，不遗余力地强健体魄，使其能经受艰难险阻。他不喜欢身上长肉，除非是肌肉。物质层面的东西对他不具有吸引力；它们更像是通往自由途中的累赘。至于对开放空间的热衷，在他二十岁的时候写给敦促他去感受高山壮美的母亲的信
88 中即有体现。

> 可是你错了，亲爱的母亲。尽管高山是那么伟大，那么壮丽，“但是如果平和、静谧和纯净更为美好，如果以安宁的心观察万物才是最好的状态，那么草原才是最好的故乡”。在草原里，净化的过程是至高无上的，在这里人们可以安静地坐着，思考着一切或是大脑完全放空……［在这里］人们可以感受到世界的渺小，细节的琐碎，还有宏大且完整的安宁：给我一个平坦的草原吧，一直延伸至视线的尽头，在那里有足够的美好和平静可以满足我。[54]

注意“纯净”和“净化”这两个词汇。沙漠是被净化的世界。劳伦斯憎恶生物学。想想他是如何在雨林中过活的。于他而言就仿佛置身于一口充斥着腐朽生命和堕落的大锅中，在这个密实得令人心悸的体量中，没有一个个体——植物，动物，或人——可以凸显出来。他在《智慧的七柱》中清晰地表达了对肉体的藐视。“肉体，”他写道，“是过于粗俗了，很难感受到我们极度的苦痛和欢愉。因而我们要将它们像垃圾一样丢弃。”需要摒弃除生存所必需摄取之营养以外的食物。劳伦斯所钟爱的不是“这朵茉莉花，这朵紫罗兰，这朵玫瑰花”，而是他和他的阿拉伯朋友对吸入“这些最特别的芳香……这无吹灰之力的、空寂的、无旋涡的沙漠之风”的渴望。[55]

在阿拉伯探险之旅之后，劳伦斯加入了英国陆军坦克军团以远离声名。在那里他被人类赤裸的淫欲彻底击溃了，
“这里的动物臭气让我夜不能寐且心生恐惧——人与动物 89
无异”。但贝都因人是怎样的呢？劳伦斯对他们的态度更温和，这只是因为他看到了他的两个侍童法拉吉和多德在纯净的白色沙滩上激情四溢又欢愉俏皮地做爱。劳伦斯给予了法拉吉和多德其他人所没有得到过的赞赏。他说，他们是“两个灿烂的生命，在他们身上还没有投射上世界的阴

影——他们是我所知的最英勇和最令人羡慕的”。[56]

劳伦斯很难爱上人类。尼采提出的应该清除平庸且不洁净的、通过分娩过程延续生命的人的哲学观点，一定不会让劳伦斯感到震惊：“世界需要的是一种新的物种——控制人类生育，使人类在五十年后以灭绝而告终——这将为更洁净的哺乳动物提供生存空地。”[57]劳伦斯因喜欢阿拉伯人的洁净而推崇这个民族，并赞赏他们面对苦难时的勇敢、宽容和忍耐。他想成为他们中的一员，虽然他曾写道“对于一个英国人来说，将自己置身于红色人种的辖域就如同将自己卖给牲畜”。[58]他为什么会让自己投身于阿拉伯人的事业中？答案看起来和他的理想主义，他对荣誉和骑士精神的热爱，以及他的基督教精神相关，这一切都让他更倾向于和弱者联盟。早在他的学生时代，他就已经被亚瑟之死、十字军东征、阻击强敌的勇士——查理一世和萨拉丁的故事吸引。然而不像传统的罗曼司，劳伦斯的生命在彻
90 底的醒悟中终结。以死亡为终结通常被归于“浪漫”的范畴，但彻底的醒悟让劳伦斯的生命变得更为现代。

只有天赋异禀的人才能在不毛之地中找到慰藉和美德吗？这些人是否曾在各个方面极大地影响社会？或许实际过程恰恰相反？或许这些影响是相互的？无论如何，北美

洲和澳洲干旱的内陆不知何故在19世纪和20世纪上半叶获得了高度重视，一种几乎是神话般的地位。在美国，边疆和内陆成为吃苦耐劳的男子气概和个人主义的国家象征；而在澳洲，这些地方则是吃苦耐劳的男子气概和同志情谊的体现。无论如何，一种纯洁而真诚的生活方式在荒芜的边疆地区出现，与沿海城市的“集体主义粘连”和“未同化之他者”等形成鲜明对比。在这两个国家，对内陆的热爱与厌女情结——对与女性相关的事物，比如“柔性”文化、商业主义和更普遍的集体生活方式的厌恶——紧密相连。[59] 91

/ 冰 /

很少有沙漠是完全荒芜的。与此相对的是，硕大的浮冰和内陆的高原却都对人类有难以化解的敌意——那是一片片绝对的虚无。有谁会愿意去这种地方呢？极地的探索史以及探索者的传记反映了这些复杂的动机。18世纪以前，探险的最大动力一直是经济利益。探险者希望在世界的尽头找到抵达香料之地的路。人们一直认为，在极远的北方存在一条像遥远的南方通道（麦哲伦海峡）那样的航路，这使往复的探索变得有理可循。直到18世纪末，人们才不得不放弃这种想法。即便有这样一条北方通道，它在经济上也没有价值。[60]自那以后，人们前往格陵兰、北极、南极的主要原因便是科学考察。地理需被记述；只要还有没被记述的地方，科学家们就准备好冒着生命危险去探索和记录它们。

早期极地探索的经济原因似乎可以自圆其说。但即使如此，人们还是不禁会问，为什么人类会为了获得像印度香料这种非必需品而付出如此大的努力。至于像荣誉、虚
95 荣、爱国心这样的理由，我们接受它们只因我们属于西方

文明的一部分。对于其他文明的人而言，极地探险可能仅仅是疯狂的。要使人们如此不计后果地行事，其背后必然有强大的力量驱动。强大力量的存在不容置疑，但究竟是何种力量呢？如果这里所说的力量指的是军事、政治、经济力量，那还容易理解。但是，它是否有可能只是一种美学信念？如果考虑到这种信念的产生和当时的时代思潮不谋而合，那么美学信念作为极地探险驱动力的想法便能成立。“崇高”是18世纪盛行的思潮之一。尽管“崇高”的概念由英国思想家埃德蒙·柏克在1757年详细阐述，但它事实上根植于古典时代的思辨。崇高是什么呢？它与美有一定的类似，然而它不是秩序与和谐，它也不必然产生快乐。是的，它可以唤起完全相反的情绪：被巨大、混乱，甚至丑陋之物所淹没，被几近痛苦的狂喜所浸蚀，陷入激烈地生存却渴求死亡的困境。“崇高”的思潮进而分化成两派，分别是浪漫主义和哥特，前者在18世纪尤为突出，后者则稍晚盛行。极地探险的故事有时可以像哥特罗曼司一样，其结果往往是疯狂错乱抑或同类相食。[61]

在所有的极地探险者中，挪威人弗里乔夫·南森（1861—1930年）和美国人理查德·伊弗林·伯德（1888—1957年）是最具自省证悟与哲学思辨精神的代表。他们留给后人的不仅仅是科学的观察、伟大冒险的记录，以及超人的忍耐力，更是对自然、宇宙以及生命意义的深刻思考。
96 两位探险家都相信，与被书本包围相比，当生命被冰层包围时更能显现其深层意义。

南森是一位颇具成就的海洋生物学家、外交官、人类学家。然而，使他获得声名的成就是作为探险家达成的。南森的两次远征尤其引人注意。第一次，是于1888年与五位同伴成功穿越了格陵兰的冰冻高原。第二次比第一次的野心更大，他试图让他的船“弗拉姆号”漂过北极海盆而到达北极点。当南森意识到浮冰不会扶挟着“弗拉姆号”行至北极点时，他弃船而去（1895年3月14日），并与唯一的一位同伴F. H. 乔汉森徒步走向目的地。他们抵达了北纬86°14′，即当时人类抵达过的最北点，却不得不因冰面参差难以逾越而放弃前行。他们回到文明世界的勇敢旅程本身也是一段传奇：靠着奇迹般的胆识，徒步走过漂移的冰面，划着爱斯基摩皮艇穿过辽阔的水面，到达法兰士约瑟夫地。在那里，他们忍过了冬天（1895—1896年），并最终被一些英国考察队成员所救。[62]

尽管他没能抵达北极点，南森却因此次探险获得了国际声誉。这次远征被认为成功，一方面是因为没有任何队

员丧生（“弗拉姆号”在奥多·斯佛扎普的领导下安全返回），另一方面也是因为这趟旅程带回了有关北极地理学和 97
海洋学各个方面的大量科学数据，其中包括厚厚的冰层覆盖着北极海盆的事实。南森在科学上的天赋本可以让他在科学研究中获得不小的成就。然而，他一定曾问过自己，科学是否是他开启极地远征的真正缘由。想想他那乘着滑雪板跨越格陵兰冰冻高原的疯狂旅程吧！由于南森在格陵兰冰冻高原的考察用到了滑雪板，记者们更愿把这次远征看作一次壮举甚至是一项运动。与之相比，南森则更愿意将其看作科学考察，因为如果按照远征结果来评判其属性的话，这次远征对科学领域有极大贡献。然而，他曾经疑惑，就像几个梦所暗示的那样。1888年，当南森乘着一块浮冰漂流在格陵兰的海岸边时，“他梦见自己在穿越冰原之后回到了家乡，却因为无法讲出路上见到的任何景物而羞愧难当”。同样，相似的梦境出现在1894年1月18日，那时“弗拉姆号”正漂向北极点。南森梦见他成功地完成了旅行并返回挪威，却发现“他忘记做具体的观测，以至于当人们问及他去了哪里，他竟无法回答”。[63]

在一些人看来，一个渴望极限旅行的灵魂不会对“家”有过多的感觉。然而，远征与回归这两种情感是相连的。

从某个角度来看，家既是一个必要的安全基地，又是探险的起点；从另一个角度来看，在未知世界的探险会将家的
98 好处渐渐放大。无论如何，对“家”的感觉在南森的记述中令人惊讶地强烈，与他那些形容卓绝坚忍的有力散文相比，这些文字有时甚至让人觉得有点矫情。

> 当我上一次离开家，独自穿过花园走向海边，停在那里的“弗拉姆号”正冷漠地等待着我。在我身后，是我生命中所有珍爱的东西。我面前将发生什么？在我下一次看到这一切之前，还要过多少年？我要在那时失去多少珍爱之物，才能返程？就在那不远的窗前，小丽芙静静地坐着，拍着她的手。[64]

在法兰士约瑟夫地，与乔汉森蜷缩在简陋的窝棚中过冬时，南森想到了家中的妻子和女儿。他在日记中写道（1895年12月19日）：

> 她独坐在夜里，在灯光下织缝。在她旁边，一个金发碧眼的小女孩在玩着她的娃娃。她温柔地看着孩子，抚摸着她的发。她的眼睛变得湿润，大大的泪珠

落在她的织物上……此刻，我身边的乔汉森睡熟了。他在他梦里微笑。可怜的男孩儿，我希望他在那里和他所爱的人过着圣诞节。[65]

营地是远离“家”的家，它之所以可以被看作是家，是因为其内部所能提供的熟悉舒适，与外面那陌生荒蛮的冰
雪形成强烈对比。南森这样描述他在格陵兰高地上的日常 99
生活：

不论今天如何艰难，不论我们如何劳累，也不论这里如何彻骨寒冷，当我们围坐在锅前，看着油灯微弱的光，耐心地等待着晚饭，所有那一切就都抛之脑后了。的确，我不知道我的人生中有多少次看过比这更温馨的场景。当汤或炖菜，抑或无论什么可能的食物在煮着，当我们分着食物，小小的灯光照着我们将要享用的美味，我们的快乐便升到天顶。那一刻，我确定生命的意义超乎想象。[66]

英国的南极探险家欧内斯特·沙克尔顿（1874—1922年），与南森一样有对家的特殊情感——对于那些沙克尔顿

为了冒险而撇下的人来说，这种情感如果不似伪善，也至少可能有些令人困惑。将南森推向那“冷漠地”等待着他的航船的力量，是他自己的期待和愿望：没有什么外力可以左右他启程。沙克尔顿似乎也被类似的矛盾和模糊不清的意识所困扰。当他于1907年启程开始北极探险时，他写信给妻子表达了他的歉意，仿佛他别无选择。

> 我亲爱的妻子，你亲切勇敢的面庞在我面前，我
> 100 仿佛能看到你站在码头对我微笑。我有满腹的话却不能说，我好想现在就靠岸，把你抱紧在我怀里，爱你，关心你。[67]

和南森一样，沙克尔顿也对他临时的庇护所产生了强烈的情感。他在1908年10月29日写道：

> 当我们离开那间我们舒适地度过了那么多个月的营地小屋，我们感到十分难过……它的内部十分昏暗，电石气的火与外面的太阳相比显得昏暗无力，它与一个正常住房里的火炉相比是那样的小，然而离开这个小窝令我们那样伤心。昨晚，当我们围坐着吃晚餐时，

> 一束傍晚的阳光射进通风口，在女王的画像上投下一圈光晕。[68]

南森对自然之壮丽做出敏锐的回应。关于北极光，他写道：“无论多么经常看到这奇怪的光之表演，我们从不会厌倦注视它；这光之舞似乎给我们的视觉和感觉都施了魔咒，让人无法转头离开。”北方的神话增强了极光播洒的魔咒的力量。“这难道是火焰巨人苏特本人击打着巨大的银色竖琴，使得琴弦在真火之国穆斯帕尔海姆的火焰光芒中颤抖和闪耀？”或许，更强有力地证明了南森的浪漫气质和对大自然的热爱的证据，存在于那些他并不试图描述景观而只是记录事件的段落中。乘着帆船在月光下穿越格陵兰岛的冰原就是一个例子。南森指出：“看到两艘船在我身后 101
匆匆而来，这是一个奇幻的景象；在白色雪原和后面巨盘似的月亮的衬托下，它们方形的维京式风帆呈现出黑色剪影。”[69]

南森曾经自称为无神论者，后来又自称是不可知论者。他不相信上帝也不相信来世。如果人生是有目的的话，那就是尽自己所能造福下一代。只是拥有高贵的品性并不会带来满足，他反复追寻将这种品性转化为有效的人类行动。

虽然外表上看来，他在很多方面都是成功的，但在他没有参与到紧张的极地探险的时期里，他陷入了低落。甚至当他投身于探险并目睹了晶莹的冰原时，他也看到了死亡。在他的思想中，冰和死亡是紧密相连的概念。他的两卷本作品《最远的北方》的第一句写道："在那些未见的、未被开垦的无瑕的冰幔下，坚冷的极地中沉睡着源自时间之始的最古老的死亡。"他接着写道：

> 年复一年无踪迹。在这片寂静的自然中，没有事情发生过。视野中，没有东西遮挡从那极远的冰冷夜空射来的星光，或是闪耀华丽的极光。我只能隐约辨认出"弗拉姆号"的外轮廓，朦胧地出现在荒凉的昏暗中。船只似乎在无边际的死亡的领地中迷航，就像
> 102 一颗微小的尘埃。[70]

当南森无聊而不安地在法兰士约瑟夫地越冬时，他消沉的思想催生出了一幅幅白、冷、无情且寂静的画面。他在1895年12月1日的日记中写道：

> 这是一种没有感知的奇怪的美。这里就像一个由

> 闪亮的白色大理石构成的死亡星球。就这样，冰山冰冷地矗立在那里；就这样，湖水冻结在雪的覆盖下；现在，月亮缓慢无声地沿着它无尽的运行轨道经过这片无人之地。一切都是静止的，如此诡异的静止，好似那种当地球再次变得荒无人烟、空荡无物般的寂静。[71]

理查德·伯德出生那年，弗里乔夫·南森航行经过格陵兰岛的内陆冰原；也就是说，这两位分别来自美国和挪威的极地探险家相差了一代人的距离。前者被培养为海军上将，后者则是大使和政治家。两位都既是成功的世界名人又是极地探险家。使他们与早先的探险家们区别开来的，是一种现代性的探求：这既是驶入地理上未知区域的征程，亦是一场展开自我发现的征程。两位都将远征经历撰写出版。南森的书已经绝版，而伯德的《孤独》一书仍在再版。伯德在这本书中对自己在南极洲罗斯冰架上独自生活四个半月（1934年）的经历的大量叙述，具有文学的永恒性。他为什么在那里？为什么是在南纬80°08′的地方过冬？他的确有去执行这个任务的充足的科学理由，然而，对他而 103
言最重要的理由则是个人化的。他想要“与自己独处一段时间，并且去体验平和与安静，去寻找独处真正的美妙”。[72]在博林前进基地时，身体上的隔绝是绝对的：“不管看向什么地方，东西南北，看到的都是一样的景致，即与地平线相交接的无限延展的冰扇。居住的小屋没有特定原因地朝向西边。”悲惨的经历在这一阶段发生。最糟糕的则是紧随着病痛而来的绝望。自我怀疑攻击着他。“我本来是去那里追寻平和快乐的，……（而且）我是带着正义和科学的使命而来。如今，我却看清了它们的本质：第一个是幻想，第二个是一条死路。”[73]他的想法继而延展到他对“家”的看法，并以此段作结：

> 归根结底，对任何人而言，重要的只有两件事，即对家庭的情感和理解。任何其他事物都是无关紧要的，仿若任由偏见和偏好的波流不断扰动的船只。但是家庭是永恒的锚，一个安静的港湾，在那里，人可以任由自己随着自豪和忠诚摇摆。[74]

所以像南森和沙克尔顿一样，伯德为寻求安慰而回到了家庭。家人、家庭、社区——这些具体实在的美好经
104 历——是那些更为抽象、受兴致驱使的行为，那些追求思

想与精神满足感的浪漫探寻得以抓牢的锚与稳定感的源泉。家庭象征着生命。那么浪漫的追寻又是什么？无论如何，它都不会是凌乱的床单或者新鲜烤出的面包的香味。或许是——或者部分是——死亡的吸引？

南森所记录的他在北极的思想散发着死亡气息。这些记录并不是出现在他绝望或危险的时刻，而是在他可以停下来面对一大片冰川的时候。与南森相比，伯德以更为积极的态度描述极地。尽管如此，他的文字也偶尔透露出悲哀的语调，比如，他这样描述被雾气围住的冰山："这遇难的冰之舰队，比世界上所有的海军舰队都更庞大，绝望地在迷雾般的幽暗中（游荡）。"还有一次在前进基地时，他这样描述太阳从视线中消失的过程："即使是在正午，太阳也浅浅地浮在地平线上——高度仅为其直径的数倍。它既冰冷又暗淡，即使是最明亮的时候也不足以让物体投下阴影，好似悲哀的阴霾悬挂在微明的天空。此刻有如生死之间的间隙。当地球毁灭之时，世上最后一个人的眼中大概是如此情景。"[75]

对于南森来说，北极的美丽无法安慰他的心；而在伯德看来，这则是通往与宇宙合而为一的大门。在伯德的日记中，反复传达了他感受到的平静与和谐。

> 在极为平和的氛围下，白天渐渐退去，夜幕慢慢
> 105 降临。这里有种无法衡量的宇宙的过程和力量，它是如此和谐又悄无声息。和谐，就是它！这于寂静中诞生的轻巧的韵律，这一连串完美的韵律，瞬间融入我的身心。那一刻，我毫不怀疑，自己与宇宙合而为一。[76]

伯德对于自己与宇宙合而为一的感受的更为戏剧性的描述，发生在5月11日的午夜。那时，他正在弹奏贝多芬的第五交响曲。

> 夜，平静而清澈。我开着居室的门，还有地板门。我站在黑暗中，凝望夜空中我最喜欢的一些星座。那一刻，我产生了一种幻觉，仿佛眼中所见即是耳中所闻，音乐完美地和星空中发生的一切相融。伴随着旋律的收放，地平线上暗淡的极光同步跃动，它加速并垂放成弧形，又变成扇形光束在天空延展开来，直到我渐强的弹奏达到高潮。音乐和夜空融为一体；我告诉我自己，所有的美都是相似的，并由同一本源演化而来。我想起一个勇敢无私的行为，它与音乐和极光
> 106 有着相同的本质。[77]

我在此探讨了两种极端的环境——沙漠和冰川。它们在西方人的体验中有何异同？最主要的不同是，沙漠有诱惑人们进入的绿洲，而冰川则缺乏这种诱惑；一个有着丰富的历史，另一个则没有。自18世纪至今，学者为埃及以及近东地区散布的废墟、被掩埋的器物以及被记录的历史着迷；而冰川，更多的只是激起了科学家的兴趣，并且仅局限于20世纪。从探险者的性格上来看，那些沙漠探险者也不同于冰川探险者，前者更为自足和自私。像道蒂、劳伦斯，以及塞西格这类沙漠探险家，不仅脱离了自己肥沃的故土，同时也脱离了他们的人民和文化。对于他们来说，家庭并不是情感的来源；爱国之心与国家旗帜也不是灵感的源泉。相反，极地探险家的工作通常依靠紧密的团队协作展开，并有强烈的道德感，仰赖来自故乡的精神支持以及偶尔的经济支持。的确，伯德是孤单的。但是，这种“孤单”仅限于他的身体，因为伯德一个人在前进基地的那段时间里，他一直通过收音机与小美国考察站的人员保持联系。最后，让我们再注意一下极地探险家在情感上对“家”的依赖。虽然他们都对极地怀有强烈的渴望，但仍旧为自己的国家和文化感到自豪。

为什么沙漠探险者和冰川探险者如此不同？也许是因为沙漠虽然荒凉但还是有绿洲和水井，继而得以支持一种以运动和迁徙为主线的生活方式。这种生活方式比任何受物质和社会约束的家庭生活要自由得多。冰川就远没有沙
107 漠那么具有包容性。无论极地环境在视觉上具有多么大的诱惑力，都与人类任何形式的长居生活势不两立。正是这种直观的敌意使得冰川的反面——熟悉的家——有着幻觉般的诱惑力。

沙漠和冰川都是荒芜的，这个事实一直被提及。此外，两者还拥有鲜被提及的另外两个共同点。其一，二者均呈现出文化与自然之间的鲜明边界。在沙漠中，绿洲与沙漠之间没有缓冲地带。在冰川上，这种边界更加锐利：帐篷之内是温暖的家，帐篷之外则是威胁生命的冰雪世界。其二，二者都满足了人对提升精神修养的需求。我们知道，2—3世纪的僧侣们因为这个原因抵达沙漠，但是否有人因为同样的原因前往极地？8世纪的一些僧侣显然这样做了，并且他们一直向北抵达冰岛。在世俗化的当代，我看到了南森和伯德所拥有的精神—美学追求。这种追求要求放弃对自我的感知——不友善的巨大沙漠和冰川恰能促其实现。

探险者必须经历诸多磨难，那么他们究竟为何投身其中？除了那些他们公开给出的关乎经济和科学的理性原因，或许还有一种看似非理性的原因存在：探险者的活力不仅出于其对生命的渴求，亦源于其对死亡的倾心。飒飒寒风在寂静中慢慢消散，精疲力竭的探险员是否在此刻听到伊索尔德所咏唱的“爱之死”？ 108

间奏：健全却平凡

据《创世记》所述，在把光从黑暗中分离出来之后，上帝把天下的水聚在一处，使旱地露出。在旱地上，上帝“在东方的伊甸立了一个园子”。然后，他扮演起神圣园丁的角色。“从地里”，他使“各样的树长出来，可以悦人的眼目，其上的果子好作食物……有河从伊甸流出来，滋润那园子”。他也用土造成了野地上各样的走兽。亚当被上帝指派拥有统治其他野兽的权利，同时要“装扮”和“维护”花园。亚当需要工作，不过是很轻松的工作。“天起了凉风”，神圣园丁行走在他所创造的万物之间的场景，呈现出随意的氛围。（《创世记》3：8） 109

伊甸园是健全生活的原型——可能不是很令人兴奋，

却是人们所期许的。古苏美尔人想要得到什么？“财富和财产，丰富的收获，满储的粮仓，畜栏里养着大大小小的牛，在平原上能抓到猎物，在海洋里能够捕获到很多鱼。”[1]不得不说，这份清单是如此重要；但这正是因为它如此容易预知，如此平凡无奇。而对于古希腊人来说，尽管他们是非常优秀的海员，但相对于“像葡萄酒一样深暗”、被他们称作继母的海洋而言，他们更喜欢待在农场和果园。在农场生活的回报是什么？古希腊诗人赫西奥德在《工作与时日》（公元前7世纪）一书中指出，回报是土地与土壤、四季周而复始、连续性和稳定性、播种和收获的密切联系，以及在更具体层面上体现出的，那些来自大自然的赏心悦目的礼物：蝉鸣、酷暑、鲜羊奶、凉风，以及可供人们饭后休息的树荫。赫西奥德的解读大可沿用至今。正因为如此，莎士比亚对于美好生活的定义，或者他在《暴风雨》中提到的“典范生活”是“静谧、公平和长寿”。莎士比亚笔下的精灵朱诺将这种观念重新表达为“荣誉、财富、美好的婚姻；持久的延续和增加”。[2]

难道没有反叛者——拥有浪漫气质的人，想要获得更多？当然有，但是他们的存在仅在现代才凸显出来。我在这里可举两个“反叛者”的例子，他们都来源于文学作品。我以文学作品为依据来举例，是因为人物的情感往往在文学作品中得到最生动的表达。在让·阿努伊的剧作《安提戈涅》（1994年）中，忒拜国王克瑞翁如此建议他 110
叛逆的外甥女安提戈涅："生活是在你脚下嬉戏的小孩，你可牢牢掌握的工具，在夜晚的花园里可供你休憩的长凳。相信我，当我们年老时，聊以慰藉的事实就是发现我所告诉你的这一切是正确的。"克瑞翁所说的这番话听起来很合理。的确，除了这些具体而真实、讨人喜欢的事物以外，还有什么值得我们渴求？若不牢牢把握这些平凡事物，而去冒险追风，那最终得到的——就只有缥缈的风而已。然而，安提戈涅对其舅父的回应则是愤怒的一句："我唾弃你所谓的幸福！我鄙视你对生活的想法。"

第二个例子来源于阿诺德·韦斯克的剧作《根》（1967
年）。一个名叫贝蒂的年轻姑娘想要寻找她的根，并且希望 111
她的家人能帮助她一起寻找。但是，她所认为的根究竟是什么呢？毕竟，她并不是漂泊在无情的城市里；她来自一个在农场劳作的家庭，他们的生活与农场以及传统紧密结合在一起。在和她母亲的一次争吵中，贝蒂嚷道：

上帝啊我的母亲，你生活在乡村但是你没有一丁

> 点的尊严。你生活在绿色的田野里，你种植花草，呼吸新鲜的空气，但是你没有尊严。你头脑混乱，空无一物，你把世界拒之门外。你究竟给了我什么样的一种生活？

在韦斯克的女主角的探求中，“有根”不仅仅是简单地停留在原地，知道自己的家族传承，而是拓展自己的觉悟。“有根”不仅仅意味着知晓自己家族过往的经历，而且还要知晓人类过往的经历。生活在绿色的田野里，呼吸新鲜的空气——这些对奶牛来说足够了，但对于人类来说远远不够。自然，这些平凡之物对于贝蒂而言绝对是不够的。贝蒂希望拥有一些她认为是“尊严”的东西——一种可以符
112 合她作为人的地位的生活。

3 城　市

一个城市的尊严，通过尽可能远地脱离土地的束缚而获得。城市开始尝试将天堂里的秩序和尊严带到人间，通过切断其农业根基，驯服寒冬，变夜为昼，以及约束感性的人体以拓展脑力来实现。人类如此行事，以便在城市里体验高度与深度——所谓的“崇高”。

/ 将天堂带到人间 /

历史上，城市——城市而非拥挤的市集镇——的起源
与祭司权术和王权紧密相关，并伴随着大型祭祀中心的兴 113
起。这些中心向上方指向天空，与太阳、月亮和星星，以

及其他天空中的显圣物相望；这与新石器时代向下方指向大地之神灵的格局完全不同。有了这些祭祀中心以及后来的城市，人类的视野便开始超越本地的、短暂的存在，拓展至广袤宇宙及其有序循环。不仅如此，祭司和国王认为他们可以协调天地之异，将前者的稳定性强加给有着混乱倾向的后者。在形式上，这些城市是矩形的，或是四个角朝向东南西北四个基点，诸如亚述王朝的杜尔萨鲁金城（公元前721—前705年）和苏美尔时期的波尔西帕（公元前604—前561年），或者四条边朝向东南西北四个基点，诸如中国的古代城市。

宇宙城市是什么样的，同时它是如何超越生物和地球的局限的？我以中国的宇宙城市为例，因为它比其他区域的宇宙城市更为人所知。公元前2世纪的《周礼》中所保留的即是一个理想平面的概貌。“匠人营国，方九里，旁三门……左祖右社，面朝后市。”[1]皇帝坐在城市中心大殿的宝座上，这个中心不仅坐落于横向空间中的一个位置，同时也具有竖向维度。皇帝坐北朝南，俯瞰通向市井生活的
114 南北向主干道（世界之轴，*axis mundi*）。

这不仅仅是一个乌托邦式的梦想，当中国在公元589年再次统一的时候，隋朝的开国皇帝决定按照《周礼》的

描述建造首都——长安。这一壮举需要一片空地，这意味着必须将山峦移平，将溪流改道，将村庄迁移——把所有土地的象征及其上卑微的生命形式都擦除。天文学家通过连续测量正午太阳的影子，以及在夜晚观察北极星来获得朝向四个方向的城墙的准确定位。每一边的城墙都有三道门，代表一年中的三个月。宫殿和皇城的正南门叫朱雀，象征着“阳”，即太阳的能量。东城墙的正门叫作春明门，代表太阳升起的方向，是在寒冷黑暗的冬天之后春天的温暖汇集起来的地方。南城墙的正门丹凤门，代表夏天和正午太阳的红色。西城墙的正门叫作白虎，代表夕阳和落叶，标志着死亡临近的秋季。北城墙的正门叫作玄武，代表着黑暗和寒冷。之前提到过，皇帝的宝座朝向南面，俯瞰市井生活。在宫殿里，文官从东边进入朝堂，武将从西边进入。皇帝背对北面，那是一个世俗空间，同时也是市集所 115
在的地方。[2]

当一个村民进入长安城的时候，他会看见什么呢？他将获得怎样的认知，继而其世界观会如何改变？我问这个问题，是因为倘若这个人的思想机敏并且开放，那么他的经验及感知大概会和其他前现代的人一样发生巨变：从乡村到城市，从微小到庞大，从寻常且令人安心的生活到复杂、多变和激烈的状态。

比如，当一个旅行者从正门进入唐代长安城的时候，他会震惊于城中的庞大人口——估计有100万左右——以及种族的多样性。外来人员不仅包括大食人、波斯人以及在南部比较常见的天竺人，也包括从北部和西部来的——突厥人、回纥人、吐火罗人、粟特人、叙利亚人、鞑靼人以及吐蕃人。在高峰的时候，不少于200个外国贸易公司在城内进行贸易活动。当然，并不是所有外来人员都是在从事贸易活动：很多是被城市的文化吸引而来——比如翰林院，在7世纪后半叶曾拥有8 000名学生，其中有一半是大唐的学生，另一半则是来自新罗、日本、吐蕃以及中亚的学生。也就是说，旅行者会发现，他置身于一个国际都
116 会（cosmopolitan）中。[3]

在这里所讲的国际主义（cosmopolitanism），与我之前提及的，依据可感知的宇宙秩序（order of the cosmos）塑造的有序的几何现实截然不同。对于一个来自乡村的人而言，这两种都市特质都是新鲜和开放的。因此，这个人一方面会感受到城市色彩斑斓的多样性，另一方面则能体会到由笔直街道和宏伟建筑所组成的具有几何规制的城市规划。此刻，他对于超自然世界的理解也改变了：从地方性

转向空间性；从对神圣的特定地点，比如一棵树、一座城墙、一条街或特定一个角落的感知，转变为对于由方位基点和春夏秋冬四季轮回所定义的神圣空间的感知。

/ 减除农业根基的牵绊 /

我所探讨的浪漫主义，是一种超越寻常、超越自然性和必需性的需求。那么，没有什么比获取食物，比如农业耕作，更为自然和必需的了。在一定程度上，一个城市脱离了农业，它就是浪漫的；这听起来或许可笑，但浪漫从来都与那些可触及之物无关。接下来，我将对一个城市脱离农业的历史进行概述，这个过程从古代美索不达米亚和中国逐渐展开。不过，在那个时候，人们所认为的“城市”并非由已建成的繁华商业区组成；相反，它们被认为是具有宇宙秩序的存在。“城市”是由不同事物构成的有序整体，其中也包括农场和村庄这种“必需品”。苏美尔和阿卡 117
德语言甚至没有村庄和城市的区别：在苏美尔语里，它们都被叫作乌鲁（uru），在阿卡德语里，它们都被叫作阿鲁（alu）。那时候，保障食物供应一直是重中之重。因此，在一个典型的苏美尔城市的集中建成区附近，是一个有着农场、牛圈、田地和花园的封闭区域。[4]

传统的中国城市的乡村化令人惊奇。汉朝的首都长安是一个典型的例子。它被细分为160个“区”或“里”——“里”如今是“一英里”的意思，但当时则是村庄的意思。“里”被采用的事实，说明汉长安城还远远不是由建成区所组成的，同时城墙里绝大部分是开阔的乡村。数百年后，长安城仍是首都，只不过是唐朝的首都。它的基本平面变得更加几何化。那由宽阔街道所组成的矩阵网格，一定让人印象深刻；然而，建成区仍只占据了城墙内城市面积的19%。同时，城市南部差不多有三分之一的面积是农田和花园。的确，人类的居住和商业活动占领这些生产性空间需要时间，但这并不是大部分城市呈现出乡村化的原因。考虑到长安城——尤其是在政乱时期——对食物供给的需求，公元932年，皇帝下诏将皇城内的特定地区划作禁止建设区。[5]事实上，我这里所描述的情况不仅发生在遥远的过去。即使到了20世纪20年代，任何人从边门进入一个中国城市，都有可能不仅看到林立的店铺、繁华的街道，亦
118 看到农田、市场花园和鸭塘。

与同时期的中国城市相比，中世纪的欧洲城市不但偏小而且空间形式不同，一般呈现出海星状的平面布局。放射状

的街道在聚集着教堂、市政厅和市集广场的城市中心汇集，两边分布着商店和房屋。农田和花园分布在由房屋林立的街道所形成的三角形空间中。这种海星状的城市平面一直保存到近现代，直到19世纪中期仍清晰可见。[6]为了阐述农业对于欧洲城市的重要性，我们可以以德国古城科布伦茨为例。

> 13世纪后半叶的科布伦茨，由于劳力稀缺，农收季节会停止城墙建设；1387年的法兰克福，雇佣了四个牧民和六位田地看守——该城甚至在15世纪出台了一条严格的法律，即禁止猪在城市街道上出现。哪怕是中世纪欧洲最大的一些城市，也有着庞大的农业人口。在这些城市里，饲牛和园艺是和制造与贸易一样普遍的活动；事实上，前者在城门出现之前就在乡村以及离城墙最近的城中有着自己的活动区域。[7]

莎士比亚时期的伦敦占地约一平方英里，居住着大约十万人口。这是一个舒适的村镇，其拥挤的街道附近有很多花园和宽阔的农地。即使在城市中心，鸟鸣和野花也使
得自然离伦敦人很近。在海峡对岸，18世纪末的巴黎人从 119
事着诸如商品蔬菜种植和兔子养殖等农业活动。“在革命性

的巴黎城中，”英国学者理查德·柯布写道，“家里养殖的鸡和屋檐上的金丝雀一样多，城市管理委员会经常收到花盆从顶楼掉落的事故报告，同时街道上充满了以乡村牲畜为主的各式动物。”[8]

如果说在工业革命以前，人们对于渗入城市生活的乡村氛围习以为常，那么在19世纪的工业城市中，情况又是如何呢？在英国改革家和小说家（尤其是查尔斯·狄更斯）的著作中，人们看到了一幅城市扩张的图画，拥挤的房屋沁渗于工业废气之中，看不到一丝乡村活动的痕迹。在英国历史学家哈罗德·J. 戴欧斯和美国作家迈克·伍夫看来，这种盛行的工业城市图景实为一种误导：

> 在19世纪，没有任何一个英国城市脱离了与农村的联系。哪怕是最大的城市仍广泛地进行着后院农业。这里所说的农业设施绝不仅限于养着几只母鸡的简易鸡笼，而是在这座工业城市之中任何可以展开农业活动的地方——地上地下、楼里楼外、街上街旁——所搭建的牛羊猪圈。[9]

随着人口不断增长，开放空间紧缩，工业城市找到了

一种用“小块园地”来解决拥挤问题的方式：在城市的边界内外有许多小块的园地，在这里，居民可以在周末种植 120
蔬菜和花卉。早在19世纪初期，英国工业城市伯明翰就开发了这种模式。[10]随后，英国和欧洲的其他城市纷纷效仿。在德国，分配小块园地的做法始于19世纪70年代并持续了一个世纪之久。这一风潮如此流行，以至于不久之后，城镇周围遍布迷你农园的景象就在德国随处可见了。[11]在北美地区，大城市的市中心则是人工化程度极高的环境。从高处远眺，除了高楼、街道和停车场之外就别无他物了。一位学者在备受推崇的《科学》杂志上指出，在像洛杉矶这样的市民如此远离自然的城市中，树木都有可能是塑料做的。[12]

即便如此，与自然接触的必要性也不曾消失。在公园里散个步还远远不够。我们需要的，是那种在人们进行农业生产时发生的实际、直接的联系。但是，这种与自然的接触能够在哪里发生？去哪里找到农作的土地？纽约人的解决措施就是屋顶花园。在20世纪50年代，数千纽约人——有富人，有穷人——用他们的迷你耙和锄头耕作着高楼屋顶的小块农园。1958年，《纽约时报》将一位园艺方面的自由作者称作最博学的屋顶农夫。“在93街附近的

列克星敦大道1394号的11层，他种植了超过2 000种植物。他所种植的包括无花果、香蕉、草莓、桃子和樱桃。他培
121 育了一个用腐叶和厨房残渣组成的丰富的肥料堆。”[13]

屋顶花园可被视作当代都市农业的萌芽。同时，与都市农业紧密相连的，是一种崇尚食用当地种植的、更安全和美味的食物的风潮。这一风潮伴随着生态和社会意识的增强，即对由全球经济所促生的批量生产、添加化学药剂的产品的厌恶而萌生。在纽约、伦敦、巴黎、芝加哥、底特律、洛杉矶、密尔沃基，城市上层精英阶级领导了这一运动。无论是在生态还是技术方面，他们围绕都市农业所展开的实验都是富有经验的。他们试图利用城市的微环境来生产蜂蜜和葡萄酒等产品，引进了诸如“鱼菜共生”复合耕作体系等新技术，并积极延续诸如蠕虫养殖、多物种兼容耕作等传统技术。[14]毋庸置疑，现代都市农业包含了怀旧的成分。虽然食物生产本身并非浪漫，但在当今对那种更为健全的往昔生活方式的回望则是浪漫的。毕竟，对于当今有轻微关节炎的人而言，有机种植可算是十分艰辛和困难的。不过，英国作家J. R. R. 托尔金在描述那霍比特人所生活的遍布着有机农业的“中土世界”时，却没有提及农耕生活的不易。

/ 驯服寒冬 /

城市保护人类不受到变化莫测的大自然的影响。在热带地区，这种保护微乎其微；在中纬度地区，温暖的季节也是如此。夏天人们可以很自然地生活：这是一年之中人们可以在田地里工作或嬉戏的时节。冬天使人们回归到都市社会和措施的保护之下。专属于城市的季节也因此成为夏天的反面。在冬天，当乡村处于休眠状态，变成不毛 122
之地时，公共广场和街道就出现了生机。在古代中国的周朝（公元前1027—前256年），子民被分配进不同的队伍。他们在早春时节离开设防的城镇，整个夏天工作和生活在田野间，在秋季收获后再次回到城镇。汉学家沃尔弗拉姆·艾伯哈写道："这种类型的居住模式意味着把一年分为截然不同的两部分：在城市里的冬季生活和在田地间的夏季生活……中国哲学里持续性的阴阳交替反映了这种双重生活。"[15]美国城市思想家刘易斯·芒福德提醒我们，在形成期的希腊城市也从未失去和乡村的密切关系：这里曾有，他写道，"随着季节更替，潮水般地进出城市的迁徙"。漫长的伯罗奔尼撒战争（公元前431—前404年）曾一度打断这种潮水般的迁徙模式。很多农村人被关在城墙内，非常想念他们的农田，并且痛苦地抱怨。[16]到了公元1世纪，夏季的罗马城中公共活动减缓。在7月份，法院关闭。有钱的罗马人会在春季离开其城中居所，住进乡村别墅，而当夏季的炎热变得难以忍受的时候，他们则前往海边寻找阴凉处。他们在别墅里度过整个秋季，而当冬天来临之时则会返回其城中居所。[17]

到了文艺复兴时期，季节性的迁移在城市中也很普遍。一个富裕的佛罗伦萨人通常在城里拥有一处住所和一个工作的商铺，同时，还在郊外拥有一栋别墅或者农场。如果
123 他是一个商人，他可能在城外拥有一块能够为其提供蔬菜、酒、油、饲料以及木材的土地。佛罗伦萨人在冬天可被称作精明的城里人，而在夏天则摇身变成绅士的农作者。在圣诞节和主显节期间的冬天寒冷而荒凉，而这恰好促成了以宗教活动为主要形式的精神文化活动的开展。“在四旬斋期间，每天晚上有数千人拥向教堂聆听著名传教士布道。每一个宗教节日都有一个神职人员和信徒都可参加的公共仪式。”[18]和今天一样，春季是文艺复兴时期的佛罗伦萨城最热闹的时候：商人急于做生意，朝圣者拥向去罗马的途中，扒手则在人群中穿行。盛夏，则是这座城市最冷清的

季节。佛罗伦萨贵族离开城市前往乡村别墅，直到9月下旬或10月上旬才再次回到城里。[19]

法国同样也有*Fermeture annuelle*，即“年度休业”。对于8月云集巴黎的游客而言，这一无处不在的店口标志的确令人沮丧。像很多其他大都市一样，夏天的巴黎被当地人抛弃了。文化生活趋于平淡，和这个季节的氛围以及呆头呆脑的游客乏味的品位一样。在美国的《星期六评论》杂志的一期特刊里，在题为“冬天的城市”的开篇介绍中，编辑贺拉斯·萨顿这样吟咏：

> 当第一阵寒风吹来之时，城市苏醒了。“城市森
> 林”实为树木和花卉的反象。随着冬日的降临，它们 124
> 身着艳服开始萌芽。正是此时，雪花和寒风中，购物者熙攘穿行，店铺化身闪着霓虹的集市……冬季之城被咖啡馆的温暖所呵护，被剧场帷幕前的观众所滋养。博物馆仿若突然绽放的花。如同遥远的部落听到那召集子嗣的部族之鼓，古老的文明从储藏室爬出，在展厅聚集。[20]

在与世隔绝的农场和小城镇，被冬天困住的人们期盼

着被春天解救。在繁华的大都市里并非如此。美国评论家理查德·埃德曾这样写道，让人们产生“好吧，我们又度过了一年”想法的时节并非春季。这个想法出现在深秋某个天气晴朗的下午，当我们突然闻到从圣帕特里克大教堂北面飘来烤栗子味的时刻。城市生活和大自然的规律南辕北辙：寒冷而非炎热，使城市生意盎然。是在秋季和冬季期间，万事复兴的感觉达到了最高峰。看看在纽约诞生了什么。苏豪区（SoHo），这个位于格林威治村以南的时尚住宅街区，是一个有着艺术画廊、实验剧场，以及供应汉堡包和时尚粗犷情调的酒吧的全新文化中心。这片位于第一和第二大道边上曾经萧条的街区，现在是纽约最活跃、最有吸引力的地区之一。即便是曾被称为“地狱厨房”（Hell’s Kitchen）的西中城，看上去阴冷如旧，但也开始在
125 不同地方展现出时尚更新的迹象。纽约不断重生着。[21]

这些都已是在20世纪70年代观察到的迹象。35年以后，虽然城市的细节改变了，但是季节逆转的现象——当大自然进入休眠状态之时城市生机盎然——保持不变。长久以来，它已成为人类经验的一部分，以至于我们把它视作理所应当，忘记了这一过程是如此后发且非天然。但更为巨大且更为近期的变化，则是城市对黑夜的战胜。

/ 战胜黑夜 /

在地球上，原始的混沌以荒地、水域和黑暗为代表。在这三者之中，人类成功为荒地赋予秩序的时刻，大概是八九千年前那些限定人类居住空间的城墙被竖起之时。对沼泽和湿地（水）的征服要更加困难，直到有文字记载之后才取得大规模成功：试想一下，伊特鲁里亚人和罗马人在面对庞大的蓬蒂内沼泽时曾多么束手无策。黑暗，被证明是三者之中最难为人驯服的。直到18世纪末期，蜡烛和明火油灯这些自建造金字塔时已被使用的方法，仍然是最常见的照明方式。这些设备对于驯服黑暗而言成效甚微。在19世纪发明和使用的煤气灯可算是人类在迎战黑暗挑战的路上迈出的一大步。但是，直到电在20世纪被广泛使用，人类才在某些城市改变了自然的另一个基本节奏，即昼夜的节律性。 126

如今，当我们用一个城市夜生活的质量来衡量其发展程度时，似乎忘记了夜生活的出现是极为近代的事情。即使是像帝国时期的罗马这样巨大和辉煌的城市，也和任何省镇一样，遵从日夜交替的规律。法国历史学家杰尔姆·卡克皮诺写道：

> 在没有月亮的夜晚，街上漆黑一片。街上没有油灯，墙上也没有蜡烛；大门门楣上没有悬挂的灯笼，因为这些只有在节庆场合才会出现……平时，降临在城市之上的夜幕，仿佛饱含着危险、侵蚀、罪恶与威胁。夜幕降临，人们逃回家中，把自己关在里面，并在入口处设置障碍。商店安静了下来，安全锁挂在门后面；公寓的百叶窗关上了，放在窗边装饰的花盆也被收了回来。[22]

和中世纪的欧洲以及早期殖民时期的美洲一样，古代中国在天黑后对城镇实行宵禁。宵禁保护人民免受火灾和陌生人的威胁。无论我们如何被前工业化时期城市的繁华图景深深打动，我们都不该忘记，在很多情况下，所有的公共和户外活动都随着宵禁的钟声而停止。黑夜属于生物性和私人性的领域。这是一个在私密的家庭空间中休憩和娱乐的时间。即便在文艺复兴时期的佛罗伦萨，一个有着极高艺术和文化成就的地方也是如此。只有个别场合提供
127 天黑后的照明。在中国，这种情况发生在庆祝新年和皇帝

生日的时候。在古罗马，祭拜费罗拉的花神节是一个夜间活动，需要壮观的照明。只有极少数城市，比如4世纪的安提阿，提供标准的夜间照明且当地居民以此为傲。[23]在古代中国的杭州城，夜幕降临后一片黑暗，只有两侧排布着商肆和饭馆的皇道仍被灯笼照得灯火通明、熙熙攘攘。1276年蒙古人入侵宋朝的都城后，实行严格的宵禁，继而结束了它的夜生活。[24]

极少有前现代的城市，试图将白天的活动延伸至夜晚。那时，一切须按照太阳的规律来运转。16世纪时期的巴黎，全然不会想到有一天自己会成为“光明之城”。曾几何时，就连说服生活在房屋底层的巴黎人在傍晚时分点亮窗旁蜡烛的努力都收效甚微。为这座城市提供夜间照明的第一次卓有成效的尝试出现在1667年。当时，一位叫作加布里埃尔·尼古拉斯·德·拉·勒尼的非常有影响力的警察中尉，订购了大概6 500只灯笼挂在巴黎的街道上。到了17世纪末，烛光照亮了冬季寒夜中大约65英里的城市街道。[25]在伦敦，一个于1662年通过的议会法案，要求每一个房屋朝向街道的家庭必须悬挂一根足够长的、可以从黄昏燃烧到晚上9点的蜡烛。到了1716年，在米迦勒节和天使报喜节期间，蜡烛的燃烧时间延长到晚上11点。照明已有所改

善，但一年之中的247个夜晚，伦敦仍然没有灯光或灯笼
128 的照明。那时的灯光太过微弱，提供不了太多光照，而晚上出来冒险的人，无论是步行或乘坐马车，仍必须由一个手执火炬的街童带领。[26]

巴黎、阿姆斯特丹、汉堡、维也纳等城市的权力机构都认为，冬季漫长的黑夜会对社会秩序构成威胁。他们试图通过推广蜡烛和油灯的使用来阻止盗窃等轻微犯罪。然而，这些措施并没有起多大的作用。直到城市的街道上安装了煤气灯后，通过照明削弱犯罪行为才开始显现效果。1807年，伦敦对煤气灯的街道照明进行了第一次尝试。它们随后在欧洲和美国迅速传播，但并非没有受到市民的抗议。反对城市安装煤气灯的其中一种观点是，更好的照明实际上帮助恶人行恶。伯明翰的市民认为，如果他们城市的犯罪率低于伦敦，那是因为他们的城市晚上更暗。一家科隆报纸于1816年刊登的反对煤气灯照明在城市街上使用的文章指出，由于光亮削弱了对黑夜的恐惧，人们更愿意外出，继而沉溺于酗酒和不良行为。此外，煤气灯违背了神和自然的法则。“人工照明，”报纸的社论指出，“试图破坏神对世界运行的安排，即黑暗不可脱离夜晚。”[27]

城市提供娱乐活动。古希腊人喜欢戏剧，古罗马人喜

欢各种活动。这些活动在什么时候发生？除了少数例外，它们大多发生在白天或有着明亮月光的夜晚。中世纪的宗教戏剧要在早晨4点半开始上演。有些剧目因为过长，而不得
不在连续数天的下午进行表演。在西班牙，16世纪和17世纪 129
期间，演出必须在夜幕降临之前至少一个小时结束。这意味着在秋季和冬季，戏剧可以在下午2点开始。然而，在英国，戏剧开始的时间逐步推迟：王政复辟时期，戏剧在下午3点或3点半开始；“到了1700年，它已经被推迟到4点或5点；1700年至1710年之间，时间从5点变为6点；1710年以后，通常的开演时间是6点；到了18世纪末期，变为6点16分或6点半”。[28]

电灯的出现，终于使人类对夜晚的征服成为可能。公共活动不再依赖于太阳。暮色降临不再意味着街道生活的谢幕，而是在灯火通明的、后来被称为“伟大的白色道路”的大道上迸发出新的生机。在20世纪，一个城市如果缺乏富有活力的夜生活就有愧于迷人的大都市的头衔。若是随着夕阳西下，人们都闭上了眼睛，那也就没有浪漫可言了。这是20世纪50年代美国文学批评家伊丽莎白·哈德维克眼中的波士顿。

> 在波士顿完全找不到纽约的那种狂野的电力之美：

> 黄昏中乘坐在出租车里异常兴奋而匆忙的人群，闪着光的大道和小街、餐厅、剧院、酒吧、旅馆、熟食店、商店。在波士顿，夜幕的降临意味着一个令人难以置信的沉重的小城镇式终结：奶牛回圈；鸡回笼中；牧场陷入黑暗。此刻，几乎所有的波士顿人都待在自己或别人的家里，在桌前用餐，享受家庭和社会隐
> 130 私。他们倾心于“漂亮小巧的晚餐聚会”——为了这个，波士顿人愿意出卖他的灵魂。[29]

20世纪中期的波士顿缺乏魅力。但究竟什么是魅力？这个词的根本含义是魔力。一个现代化的大都市无论在白天多么暗淡无光，到了夜晚，仅按一下开关就变成一个灯光闪烁的肆无忌惮的世界。人们亦是如此，抛下他们白日工作时的麻木面孔，带上华丽的面具。在电影院和戏院，平凡的生活被屏幕和舞台上的魔幻魅力所取代。夜生活是非自然的，因为根据自然的规则，白天的消逝意味着人之意识的削弱。伴随光照的延续而带来的意识的延伸和提升究竟使我们获得了什么？[30]又损失了什么？或许在阐述这个问题之前，我首先应该考虑一下随这种改变而来的阴暗面，即那个同时支持着和破坏着地面之上明亮且繁华的城

市的黑暗世界。毕竟，如果没有一个令人惊悚的阴暗面，城市很难称得上是“浪漫的崇高”。

/ 阴暗面 /

阴暗面既有一个象征意义，亦有一个字面意义。象征意义与人的身体相似。正如我之前提到的，自古典时代以来，人的身体顶部的头部被认为是理性的源泉，底部被认为是热情的源泉。在头部储存的理性会被从底部升上来的“气体”所污染，然而，如果没有底部的能量和热情，很难
拥有高效的理性。毕竟，人类的身体是一个整体。为了保 131
持身体健康，身体必须排出废物和有毒气体。这和城市的相似性是显而易见的。如果一个城市要保持健康和活力，就必须去除大量拥入的人口所产生的数量惊人的废物。最主要且最早用于大规模去除废物的设备是污水管道。

古罗马的一个伟大成就是其污水管网。古罗马的污水管网始建于公元前6世纪，随后又在罗马共和国时期以及罗马帝国时期被不断延伸、完善。污水管（下水道）的构想和建造规模如此宏大，以至“在某些地方，连一辆装满干草的马车都可以轻松开过”。阿格里帕把足够多的水从水

管转移到下水道中，多到人们可以划船穿过整个下水管道。建造是如此坚实，我们仍然可以看到最大和最古老的下水道口“马克西玛下水道道口，在罗托桥上向河中排水。它的半圆形拱，直径五米，其古色古香的石灰石拱廊（钙化石灰石拱顶）2 500年来被用作通行道”。[31]

罗马的地下隧道网络是早期一个伟大的成就。然而，在19世纪，地下隧道在地理范围内是崇高的，同时也代表了肮脏、宏伟和恐惧。维克多·雨果对于巴黎下水道的印象非常深刻，以至于他在《悲惨世界》中的好几个章节都
132 在细致地描写它们。小说主人公冉阿让的地下旅程，仿若一场地狱之旅。雨果这样描述冉阿让噩梦般的经历：“滴水的墙和低矮的天花板，腐气和陷阱，恶臭，黑暗，步履维艰，还有那犯罪和警察的不祥阴影。”当冉阿让跌进泥缝之中，黏泥和排泄物淹至他的腋下时，恐怖达到了高潮。[32]

垂直的轴线定义了天堂在“上面”，地狱在“下面”。雨果接受这种思维方式，但他也受到一个被扭转（几近180度大扭转）的观念的影响，即地下世界实际上是令人印象深刻并且必要的存在——即使算不上美得令人心动。地下世界对于什么是必要的？它对维护地上世界是必要的。在1852年到1870年期间，乔治-尤金·奥斯曼男爵在拿破仑

三世的指令下美化塞纳河，对巴黎的地上空间进行了根本性的改造，使这座城市变为一个拥有宽阔的放射状大路和林荫道的空间开敞的阳光普照之城。同时，奥斯曼也改造了巴黎的地下空间，为几乎每一条街道都配备了一个下水道，使其可以在巴黎的地表之下将污水排入塞纳河。但很快，巴黎的地下空间就不仅承载着水管和污水管道，它也为设施线、电话线，以及地下火车的行运隧道及车厢停放提供空间。容积极大又繁忙拥挤的巴黎地下空间，成为一个自成一体的世界；它并非为自身需求而存在，而是服务于那座地面之上的闪耀之城。

两种思潮支持着人们对地下世界的乐观态度。一种思潮是浪漫的幻想，正如儒勒·凡尔纳和爱德华·乔治·布尔
沃—利顿的小说所描述的那样。在《地心探险记》（1864 133
年）一书中，凡尔纳设想向下的冒险是通往光明，而不是黑暗，这源于他对电非比寻常的信任，一旦电被开发，我们就能征服黑暗。在《即临之族》（1871年）一书中，布尔沃—利顿设想了一个地下景观，拥有奇怪的植被、湖泊和溪流，周围是人工的河岸，都处于一个没有阳光却很明亮的圆顶之下。另一种思潮将地下世界视作一个独立存在的活跃系统，而不仅是地上城市的支持系统。尽管这也是一

个奇幻构想，但与第一种思潮相比则被认为是可实现的想象。为什么？因为当时的规划师和工程师对他们手中所掌握的技术的力量坚信不疑；此外，他们认为，正因其试图建造的新世界在地下，因而不需要像建造地上世界那样去应对大自然的无常和重击的挑战。但是，真正支撑其乐观信念的原因，大概是大部分构想已经在19世纪末的伦敦和巴黎变为现实。这两个大都会已经建造了地面之下的世界。这里不仅有下水管道和设施管网，还有火车隧道、维修火车的侧边穹窿，以及那最重要的、为中产阶级服务的舒适明亮的站台。[33]

/ 光明——字面意义和象征意义 /

光明将黑暗驱散、将无知暴露。它的意义总含有智力—精神层面的成分，或许兼具物理“照明”与精
134 神“开化”之意的英文单词illumination便是一个清晰的例子。城市被我们称作一个“光明的地方”（a place of illumination）；这种说法事实上出现在人造光被发明，或者城市夜间照明出现的许久之前。作为诸多西方思想基础的古希腊政治思想，正是以城市或城邦为中心。城市被认为

是人类之理想，是人类之卓越、道德和智慧可以完全实现的地方。为什么是城市？因为它是言语最大限度集中的地方。语言塑人。我们的道德标准随着我们所言及非言的内容，上升或是下降。一个激动人心的雄辩可以启迪人的心灵，使人更加勇敢、慷慨、虔诚；或如雅典黄金时期领导人伯里克利的演说中所阐释的，更加爱国。即使是看似寻常的语言，当其在正确的场合和正确的环境中表达时，也能产生强大的效果。与其他任何环境相比，城市更富有这样的场合和环境。既严肃又煽情的演讲是通往道德自律和真理的道路。难怪苏格拉底说，他永远无法从“田野和树木”里学到什么；相反，他是在城市里，通过和同伴在街上、市场和运动场，或者殿廊下的对话中学习。[34]

城市拥有的远不止这些。城市有宏伟的建筑。它所拥有的建筑，是三位一体的整体之中除了诗歌和音乐以外的第三个组成部分。历史上，在增加建筑——尤其是宗教建筑——的高度的时候，总是伴随着仪式化的文字和音乐；
此外，工人也会在其劳作的时候咏唱。若认真回顾一下希 135
腊神话中所叙述的一个魔法诗人的故事，我们便可意识到西方世界存在着对诗歌与空间之间更为紧密的关系的认知。这位魔法诗人在发现了音乐和诗歌中的“数字”与物质空间中的比例和划分的平行关系之后，制造了可以“搭建”音乐的“音符石块”。而对希腊人而言，诗歌与城市在其比例、对称性和平衡性上都体现了理性。[35]一个著名的例子是奉祀雅典娜的帕特农神庙。通过美好的梁柱比例，其建造者营造出使建筑看上去向上提升的空间感受，克服并缓解了这座位于岩石基座之上的建筑因巨大体积和厚重材料所形成的下压、沉重的情况。德国文豪歌德将建筑视作“凝固的音乐”；难道他没有看到美丽的城市亦是一首“凝固的交响曲”？不管怎样，当我在阅读英国诗人威廉·华兹华斯于1802年写给伦敦的赞美诗时，我感受到轻快和激烈的音乐旋律。

世界无法展露更美的容颜：
若谁看不见这壮丽的美景，
他的灵魂定是呆滞而愚钝；
城市此刻披着美丽晨衫，
美好的清晨质朴又恬然，
船舶、高塔、圆顶、剧院和教堂，
袒卧于大地，衬映于苍穹，
在明净的空气中辉煌灿烂；

朝阳未曾如这般美妙无比，
照耀着溪谷、岩石和山丘；
我未曾感受过如此深沉的平静！[36] 136

城市历史学家和地理学家常常吝惜对一个城市的赞美，一方面是怕这样做会使自己看起来幼稚，另一方面是因为赞美不同于批评，需要作者拥有少数人才具备的文学天赋。建筑评论家艾达·路易丝·赫克斯特布尔则是个例外。在罗马学习时，她去看了月色下的一个巴洛克教堂和广场。她写道：

我那时还不曾知晓，城市可以如此美丽绝伦，石头可以如此富含情感，建筑师可以为戏剧创造出如此的崇高舞台，空间可以使人产生如此的强烈共鸣，建筑可以使人类的意义超乎生存之需。[37]

即便是精明的曼哈顿人也会被城市之美深深打动。对于黄昏中的第五大道，《纽约客》杂志的编辑这样写道：

我们仿佛在此刻看到剧场中的灯光亮起，最重要

> 的事情即将发生。斯克里布纳书店门口那维多利亚风格的黑色金属框架闪烁着光芒，明亮的斜照光束增加了书店不可侵犯的高贵气质，使其可媲美圣巴德利爵主教座堂的内穹之美。眼中所见的每一寸玻璃或金属都反射着玫瑰色天空的余光。交通灯像珍宝般闪烁，而平凡无奇的鞋店橱窗此时看起来像珠宝展示柜。建筑从未如此强烈地表现自己。暖粉色深深地渗入建筑
> 137 材质以及其上斑驳的光影，而那鲜明的建筑轮廓和外墙脚线则仿若蚀刻进紫色的空气之中。[38]

城市为我们展现的远不只优美——还有崇高。城市展现出的崇高，是一种交织着压力和痛苦的提升生活的体验，这是因为城市不仅拥有生命和光明，亦充满黑暗和死亡。19世纪初，华兹华斯曾邀请英国文学家查尔斯·兰姆去湖区看望他。兰姆拒绝了他，有点不礼貌地回答道：

> 我一直生活在伦敦，这使得我这个城里人对当地产生的丰富而强烈的依赖，不亚于你们山里人对死寂的自然的爱恋。斯特兰德街和旗舰街上明亮的商店；数不胜数的交易、商人、顾客、汽车、马车、剧场；喧嚣和

犯罪围绕着考文特花园；街上的伦敦女人；警卫、醉酒的场面、摇铃声；在夜晚所有的时间里，如果你醒着，生活就醒着；在旗舰街你不可能变得迟钝无聊；人群，尘土和泥污……所有这些钻进我脑海里的事物，不断滋养着我却不会使我厌腻。这些景象的魅力促使我在晚上漫步于拥挤的街道上；而当我站在五光十色的斯特兰德街的时候，经常被如此的生机活力感动得流下眼泪……即使没有你的群山，难道我拥有的还不够吗？[39]

作为一个生活在当代的人，英国作家安东尼·伯吉斯比兰姆更易厌倦。伯吉斯用灰暗的笔调描述纽约，尽管他
对这座城市的欣赏溢于言表。他指责纽约人不承认他们的 138
城市是美丽的。他提醒他们，美国诗人埃兹拉·庞德曾经深爱着纽约，并把它比作“一个没有胸部的苗条的女孩”。不过，与“美丽”这个词相比，“矛盾”或许是用来描述伯吉斯眼中的纽约的更好的词。这座拥有无与伦比的多样性及勇气的“矛盾”城市，其暴力和死亡倾向也是旺盛活力的一种表现。

在罗马、巴黎和伦敦，我经常有自杀倾向；那

> 时，除了酒精和文学似乎别无其他缓解方式。在纽约，当绝望的心情产生，我所做的就是在午夜过后下至地铁，在那里观察无所不在的犯罪，然后伴随着开往郊区的地铁高速度，重拾继续生活下去的动力。在纽约，每一处味道都在迎合最深奥的味觉冲动、最纯粹的艺术形式。这座城市也是一个每个人都要保持警觉的丛林……得踮着脚小心行走。它若崩溃，不会发出虚弱无力的杂音。在纽约那怒吠的庞大人群之中，夹杂着巴洛克音乐和五十种口味的酸奶油。[40]

对我而言，纽约是浪漫的崇高的最佳案例。这城并非
一个小孩拿着水枪互相喷射、老人在栗子树下打瞌睡的好
地方，而是一个人们必须要“踮着脚走路”的丛林；这城
139 中之人并非一群会在周日下午去参加镇上广场乐队的普通
百姓，而是一群“夹杂着巴洛克音乐和五十种口味的酸奶
油”的怒吠的人群。

/ 黑暗——字面意义和象征意义 /

虽然在煤油灯出现之后，19世纪的城市变得更加“明

亮”；但是从象征意义上来看，它们其实更为“黑暗”。这是因为，工业革命时期的城市不但人口膨胀，而且有大量从国外迁入的、混杂喧闹的人口拥入。这些城市新移民在中产阶级看来，像“最黑暗的非洲”土著一样怪异和不可思议。像亨利·梅休这样的记者以及查尔斯·狄更斯这样的小说家，在那时被认为是勇士：他们敢于探索伦敦的街巷，带回那些令公众兴奋和震惊的消息。两位作家都聚焦于城市中最贫苦的穷人，因而描绘出一个无比黑暗而压抑的城市景象。他们都具有营造极具戏剧性氛围的天赋——不得不说，他们已经沉溺于此。梅休详述了底层人住所内的肮脏环境，描述这里的气味是“如此难闻”，以致当他走进来时因“吸了一口恶臭的空气”而病倒。梅休将更多的注意力集中在底层市民身上，即那些他所认为的完全怪异的人，那些“迷信、充满敌意和宿命论的贫民。他们用小偷的口吻说话，听起来像是一些原始部族的胡言乱语”。[41]

从19世纪30年代到60年代期间，查尔斯·狄更斯是描写工业化时期英国城市首屈一指的小说家。他笔下的伦 140
敦极具真实感，这大概部分归因于他对气味的关注。他闻嗅一切，即便是恶心之物。狄更斯把这称作“反感物的吸引力”，即法国喜剧家埃米尔·奥吉埃所说的“对污物的依恋”（*nostalgie de la boue*）。不过，狄更斯笔下的伦敦并非其所生活的伦敦。比如，他并没有提及19世纪60年代建造的地铁，甚至郊区的通勤列车。他笔下的人物主要是步行或坐出租车，他所描述的伦敦是他童年时期所生活的伦敦的市中心。在其早期小说中——《匹克威克外传》（1836—1837年）、《雾都孤儿》（1837—1839年）、《尼古拉斯·尼克尔贝》（1838—1839年）——狄更斯完全可以描述其主人公过着舒适的生活；相反，他在小说中饶有兴趣地描述了都市生活最糟的一面：“弗利特和纽盖特监狱、罪恶的地下组织、比尔·赛克斯的葬身之地——遍布贫民窟的雅各布岛、史密斯菲尔德肉类批发市场（这是一个在狄更斯的小说和新闻里反复出现的令人厌恶的主题）、玛德琳·布雷所生活的‘极为肮脏且尘土飞扬的郊区’、尼古拉斯·尼克尔贝所凝视的‘躁动不安的人群’——人群中包含了‘苍白消瘦的脸孔，饥饿的眼神，半裸而颤抖之人’。”[42]

/ 私人侦探 /

与那些污秽和潦倒的景象相对立的即是财富，“商店
141 橱窗里透出的明亮的灯光，华丽的服装商场，锃亮的金银

器皿”。[43]维多利亚时代晚期的工业化城市，财富的岛屿漂浮于一片由贫穷及其最醒目的产物——一个怪异而危险的人群——所组成的沼泽之中。法律和秩序的力量仿佛微弱的灯光，在黑暗之中效用甚微。面对这种情况有何应对之法？像现在一样，从棘手情况中获得解脱是最常见的解决方法。有人可能会认为，像梅休和狄更斯这样的作家让伦敦人惧怕其所在之城的可怖之处，而事实恰恰相反。他们以文学的形式为伦敦人提供了一种解脱，使人们可以躺在扶手椅上以轻松的心态阅读这些对城市的戏剧性描述。在19世纪后半叶出现了一种更为容易的解脱方式——侦探小说。侦探小说中，警察或许是迟钝的，但是私人侦探永远聪明绝顶。此外，私人侦探不同于警察的地方，还包括他通常是一位尊重客户隐私的绅士——即使他有着非常规的，甚至是波希米亚式的品位。

侦探小说中最著名的人物是柯南·道尔笔下的夏洛克·福尔摩斯。除了绝顶聪明以外，福尔摩斯还有着其他出众的品质。比如，他拥有非比寻常的方向感（福尔摩斯从不会迷失，无论是在伦敦的后街小巷还是在西藏的荒野之中），以及可与社会的各个阶层打成一片的品性（他可以轻松地给圣西蒙勋爵献茶，就像和街上的顽童、烟雾弥漫的地下室里的拳击手或是鸦片馆里的常客交谈一样）。福尔摩斯是一个个人主义者，一个或许会受到资本主义企业家钦佩却与其志性相异之人；他认同贵族的责任感，愿意为
142 那些支付不起费用的人提供服务。

然而，在19世纪下半叶，那些较为精明的伦敦人面对蜂拥入城的人群时，或许在想，在这些冷漠的表情背后隐藏着怎样的情感？在他们密集的联排式住宅立面背后藏匿着什么阴谋？也许最令人不安的是，进行暴力犯罪的会不会是街区里那个友好的烟草商或者戴着眼镜的图书管理员？警员通常缺乏提出这类问题的想象力，也正因为如此，他们缺乏破案能力——至少，这是小说作家所描绘的情况。福尔摩斯的确拥有必需的心理洞察力。他可以看到面具背后的东西，这一诀窍使他在他的对手面前显得异乎寻常。比如，当福尔摩斯通过“阅读”莫兰上校，并仅通过心理暗示的方法发现他是罪犯后，莫兰不禁认为这是超凡能力。“你这个聪明，聪明的恶魔！”莫兰喊道。[44]

此后，那些前来寻求福尔摩斯帮助的人，除了被福尔摩斯的名声所吸引，也不乏出于其他考量。与法律官员不同，福尔摩斯尊重客户隐私，只要不妨碍他的调查。维多利亚时代的人对世界的认知广博，若迫不得已，他们可以

直面梅休和狄更斯所揭露的污秽肮脏的事实。但是，他们还没有准备好去面对另一个有关阴暗面的事实，即不久之后弗洛伊德所揭露的那种四帷柱床上的兽性和暴力。

向福尔摩斯寻求帮助的另一个考量，更为客观和模
糊。这种焦虑与经济有关——特别是关系到财富的资本分 143
配，其中极端的不平等可能会引发社会动乱。在某个层面上，维多利亚时代的英国人心中存在这种恼人的不安定感似乎有违常理。毕竟，他们的帝国在当时占领了大半个地球，而他们的女王亦成为其殖民地的女皇，比如被加冕为印度女皇。此外，许多科技进步和社会改善——比如更好的照明、更高效的官僚体制，以及更充足的警力——正是在1880年到1900年间，也就是福尔摩斯风潮正劲之时达到顶峰。更令人惊讶的是，福尔摩斯的受欢迎程度持续不减，一直持续到了下个世纪。福尔摩斯的经典原型，通过模仿、拼贴、严肃写作以及电影和电视的形式被极大地丰富拓展。在全球经济下，无论是在西方还是新兴的富裕的亚洲国家，一个新的福尔摩斯故事或电影必能获得商业上的成功。

福尔摩斯和其他私人侦探持久受欢迎的现象带来这样一个问题：这些走过从1850年到2000年如此漫长、事件频发的一段时期的人物，究竟有什么共同点？其中一点是，

感谢新技术的发明和应用，他们都经历了通信的快速拓展。狄更斯和维多利亚时代的新技术是电报，它创造了跨越国家的广阔的社会网络。我们时代的新技术毋庸置疑是互联网，它已经成功地将人们编织在一个社会结构中，涵盖了我们全球社会。但正是这种共性，这种在经济和社会层面
144 具有阴暗面的全球互联，给私人侦探的蓬勃发展提供了肥沃的土壤。例如，狄更斯早期小说的背景是“史无前例的金融不确定性。1825年发生的经济崩溃，导致大约80家银行倒闭、近500家公司破产；13年后，对这场经济灾难的记忆使其得以在《尼古拉斯·尼克尔贝》一书中再度浮现”。富人变得更富，穷人更穷。亲情和家庭责任减弱；因此，工人有越来越多的怨恨，而在富人中也出现了混乱。[45]后来，在19世纪80年代，长期的经济衰退导致暴力出现在伦敦街头，“失业”这个词也随之产生。在伴随殖民地和外国移民迁入而不断膨胀的都市人口之中，不乏持不同政见者和革命者。这些人使社会看似变得无法管理，且处于威胁之中。“爱尔兰民族主义者采用一种新型炸药，把‘恐怖主义’添加到城市体验之中；开膛手杰克远胜于警察，暴露出边缘群体可怕的脆弱性。”[46]这些呈现于狄更斯／维多利亚时代的机能障碍，让我们想起当今时代的相似弊病。

如今，福尔摩斯已经伴随了我们125年。除了破解罪
案和纠正个人错误，福尔摩斯对医治社会弊病提出了什么
更广泛而持久的解决方案？他的解决方案是教育——用
知识的力量去消除由无知和邪恶带来的黑暗。对知识的庄
重对待及长久探寻，需要建立在极大的乐观态度之上——
那通常是一种不切实际的、浪漫的乐观。福尔摩斯闻名于
世的分析能力实际上也是浪漫的。我之所以这样说，并非
因为他的不拘俗套、他的波希米亚情怀，而是因为他对教 145
育的信仰。在短篇故事《海军协定》中，当他和华生在火
车上讨论他们对城市的观点时，福尔摩斯分享了他乐观的
态度：

“无论走哪条铁路线进伦敦，都能居高临下地看到这样一些房子，这真是一件令人非常高兴的事。”

我以为福尔摩斯是在说笑，因为这景色实在不堪入目，但他立即解释道：“你看那一片孤立的大房子，它们矗立于青石之上，就像铅灰色海洋中的砖瓦之岛一般。”

“那是一些寄宿学校。”

“那是灯塔，我的伙计！未来的灯塔！每一座灯塔

里都装满千百颗光辉灿烂的小种子，将来英国在他们这一代将更加明智富强。”[47]

至少从长远来看，教育仍被视为医治社会弊病之方，但缺少了福尔摩斯的自信——他的天真。寄宿学校？没人再关心它们的存在。“那是灯塔，我的伙计！未来的灯塔！”我们很难想象那些20世纪诞生的侦探人物会像福尔摩斯一样发出这样的感慨，无论是英国小说家多萝西·L. 塞耶斯笔下的彼得·温西勋爵，还是阿加莎·克里斯蒂笔下的名侦探赫尔克里·波洛，更不要提美国作家达希尔·哈米特笔下的那些硬汉派侦探了。如果说他们曾为社会提供了什么万能药，那大概会是以一种嘲讽的语气道出的。嘲讽——甚
146 至是讽刺、世故的语调——与浪漫的气质截然不同。

4 人　类

文明促生出三种出类拔萃之人：美学家、英雄和圣人。这三种人都有倾向于超越或逾越社会一般准则的行为或追求。这些人通常会在人群中脱颖而出，即使他们——特别是圣人——具有谦虚和无私的优秀品质。换句话说，美学家、英雄和圣人都是个人主义者。或许有人会问，为什么要在《浪漫地理学》这样一本书中为他们单设一章？传统意义上的地理学不是关于“群体”以及“群体”的福祉与生存吗？我认为，地理学不仅是空间科学。地理学亦关乎对自然和文化的求索，既涉及对“群体”从在自然环境中生存到在人造环境中生存的转变的观察，亦涉及对“个体”从作为生物体到作为文化体的演进的探究。地理学家对这

种转变与演进所进行的研究，通常停留在“群体”层面
147 上，并将这些转变归因于非个人化的客观外力的影响。与之不同，我试图引入“个体”这个概念。这些极具个人性的个体的故事，更多地受到内在情感与理想的推动，更倾向于脱离群体之常规，简言之，更加浪漫。

/ 美学家 /

人们对其所处的自然和建成环境中的杂乱程度有着不同的审美。热带森林的居民对热带森林以外的环境一无所知，所以也毫无疑问地欣赏其杂乱状态。与之形成对比的沙漠居民，更喜欢简单开放的空间。对于建成环境，北亚文明倾向于简洁，北京的紫禁城就是一个例子。南亚和东南亚文化则崇尚复杂，比如雕塑繁复的吴哥窟。在流线机械美学的影响下，西方的现代高级艺术崇尚简单，或至少是外表上的简单。对美学的追求，使得人类从自然之杂乱渐入文明之简明，从身体之繁重渐入精神之轻盈，从形态模糊的天然状态到形态分明的优雅姿态。

虽然复杂和简单两者可能被同时欣赏，但它们也标志着一种演进，一种从一端迈向另一端的渴望。这种演进之

一，即从来自身体层面的生理需求，演进至来自精神层面的美与文明的追求。美国社会评论家卡米尔·帕格里亚通过比较两尊女性雕塑来解释这种演进：维伦多尔夫的维纳斯像（公元前30000年）和娜芙蒂蒂王后像（公元前1350年）。 148
维伦多尔夫的维纳斯像是纯粹自然的状态——一个来自地层深处的地球之母女神。帕格里亚对这尊雕像的描述充满辱骂，描写她“只是感受，却不看亦不思考”；她是“失明的，失语的，失聪的，无手臂的，八字脚的……一个被下压的根茎”；她全身“没有直线，只有曲线和圆圈”；她是“无形的，陷在有毒的泥沼中”；她仅是“生命，因此肮脏”。[1]

与之形成鲜明对比的是娜芙蒂蒂王后像，“对天神太阳神的崇拜战胜了对粗糙与可怖的大地之母的崇拜。所有肥胖、松弛、倦怠之形都消失了”。如果说维伦多尔夫的维纳斯像只关乎身体，那娜芙蒂蒂王后像则只关乎头脑。她的“面容闪耀着重生的光芒，像是永不落的太阳”。她的脖颈如此细长，像是快要断掉。娜芙蒂蒂王后的姿态向上方昂挺，“像架喷气机般冲入天际……她有着无与伦比的骨头”。她是由石头构建之物，“而维伦多尔夫的维纳斯则是土制的椭圆物，一个仿若微颤的水煮蛋的女人。娜芙蒂蒂王后则是一位由数学之美塑造的女性，一位因变得更加坚硬和鲜明而获得崇高品质的女性”。[2]用以形容纤瘦和棱角分明之形的词是优雅。

“优雅”一词显然不止限于描述女性的姿态与时尚。这个词也可以被用来描述丹麦家具、格言警句和数学逻辑。当这个词被使用时，就暗示了一种优越性。优雅意味着贵族气质。那些崇尚优雅之人，鄙视松散、无形、杂乱和粘连之态，即那种充斥于拥有“低等秩序”的生活状态，那
149 种属于原始族群或是劳动贫民的状态。但是，这些所谓的拥有“低等秩序”之人，却享受着那些优雅或优越之人所缺失的不受约束的活力。英国作家乔治·奥威尔一定是这一观点的赞同者。在其反乌托邦小说《一九八四》中，没有什么力量可以对抗专制的政党领导“老大哥”，除了那些有着笨拙蛮力的粗俗之人。当小说中的主角温斯顿·史密斯低头看到一个充满平凡生活气息的女性，这位被围困住的英雄心头燃起了一丝希望。

> 那个女人没有头脑，她只有强壮的胳膊、热情的心肠和多产的肚皮。他心里想她不知生过了多少子女。很可能有十五个。她曾经有过一次像野玫瑰一样鲜花怒放的时候，大概一年左右，接着就突然像受了精的

> 果实一样膨胀起来，越来越硬，越红，越粗，此后她的一生就是洗衣服、擦地板、补袜子、烧饭，这样打扫缝补，先是为子女，后是为孙儿，没完没了，持续不断，整整干了三十年，到了最后，还在歌唱。[3*]

温斯顿以一种屈尊的口吻叙述着，但话语中似乎充满敬畏之情。或许有人会对温斯顿心中的敬畏充满不解。毕竟，他对这位平凡妇女的观察是居高临下的。他“下望”并“看到”了她，但这一动作暗示了两个阶级之间的距离和疏离。是否有可能，虚构人物温斯顿——或者小说的作者乔治·奥威尔——与劳动人民有过更为亲密的近距离接触？奥威尔曾自称为“中产阶级下层分子”，他也是伊顿公学的毕业生；奥威尔深信，劳动人民的身上有臭味，而仅
仅这样的想法“就会让他生病”。然而，奥威尔决定挑战自 150
己的感官极限，离开符合他出身的环境，即那个被清洗得干干净净的、茶杯叮当的世界。一天，他穿上破旧肮脏的衣服，出发去莱姆豪斯。在那里，他鼓起勇气走进一个普通外租公屋的昏暗门廊。租屋门口的广告上写着，这里有

* 译文出自《一九八四》，乔治·奥威尔著，董乐山译，上海译文出版社2011年版。——译注

适合单身男子的“优质床铺”。进去之后——奥威尔在后来回忆时坦白——像是进入了一个恐怖的地下空间，“好似一个充满老鼠的排水道”。[4]

奥威尔是否认为，通过进入难民区可以找到解决社会弊病的答案，就像夏洛克·福尔摩斯认为，通过进入毒窑可以找到破解罪案的方法？甚至是否可以说，奥威尔的行为好似一种世纪末的颓废（*fin-de-siècle*）美学，即在异域找寻极限感知？[5]显然，奥威尔寻找的美学绝不同于他所鄙视的“柔美诗学”。相反，他所渴求的是活力——那种可以为其无精打采的存在注入动力的，那种可以抵抗社会因过度理性而导致阴柔无力的原始生命力。

/ 英　雄 /

英雄，是指做事大胆，甚至不顾个人生命安危之人。英雄有多常见？“并不常见”大概是合理答案之一。因为生存本能通常是强大的，除此之外，这也与“群体”的特质密切相关。群体通常是谨慎而保守的，避免使某一个人
151 凸显出来，成为例外。而从另一方面来看，若我们考虑到个体对获得肯定的渴求，“并非那么稀有”也是个可能的

合理回答。在这种情况中，群体生活中的“社会认可”同样具有不可忽视的影响，虽然与第一种情况中对个体施加的作用有所不同。一个真正的英雄，当然与上述两种情况都不完全一致。正如下面的例子所展现的，英雄的行动既可能经过长时间的精心计划，亦可以是凭靠直觉与冲动而展开。

> 1975年10月10日晚，在伊利诺伊州的富尔顿市，十八岁的布拉德利·旺达姆遭遇了一场严重的车祸。当时，他躺在前排的座位上昏迷不醒，车辆尾部已燃起熊熊大火。当路人比利·乔·麦卡洛赶到车旁边时，火势已蔓延至乘客座位的前部了。麦卡洛费了很大劲、冒着生命危险爬进车里，把旺达姆救了出来。没过多久整个车爆炸起火。虽然麦卡洛受了重伤并被严重烧伤，但他最终恢复了健康。[6]

二十二岁的工人麦卡洛，后来被授予卡内基奖章——一项颁发给美国和加拿大境内展现无私英雄主义杰出行为的人的荣誉。1977年共颁发了五十六个奖牌，其中有八人是追授。要获得卡内基奖章，该人必须经历失去生命的危

152 险，且不与受害者直接相关，同时也并非从事如警察或救生员一类的职业，因为这类职业的职责即上文所述。

麦卡洛当时的反应毫无犹豫。一个年轻人如何能做到压制自身要活下去的生理要求？他的任务不只包括简单的单一步骤行动：他不得不爬进撞坏的汽车，费尽周折试图把受伤者解救出来。事实上，他当时随时都有可能转变想法，但其他想法的产生会阻碍其采取行动。无论他的肉体有多虚弱，想要放弃的诱惑多么强烈，他的精神战胜了那些冲动，这无疑使他成为一个英雄。但他也可以被称作一个浪漫的人吗？我认为他可以。事实上，所有真正的英雄都可以，因为他们的行为与社会期望不符，亦没有计算自我得失。换句话说，他们的行动缺乏“常识”，而日常生活之道，无论再怎么值得赞颂，也不是浪漫的。然而，麦卡洛的行动中缺失一项因素，使其无法进一步被称作浪漫主义者，即“求索”。

无论是那些寻找尼罗河源头，还是做些更不切实际的事——比如研究帝企鹅如何在南极的寒冬保护它们的蛋——的探险者，他们心甘情愿去经受巨大困难的动力，都来源于某种“求索”，也就是我眼中那些浪漫主义英雄所必备的特质。还有些探险家跟他们不太一样。虽然他们或

许也会遭遇巨大的困难，他们却是受世俗欲望所驱动——找到金子，建立商业，或是扩展帝国统治。鉴于“19世纪 153
后半段是欧洲展开贪婪掠夺的时间”这样广为接受的观点，我们很难将理查德·方济各·伯顿，约翰·汉宁·斯皮克，亨利·莫顿·史丹利，以及戴维·利文斯通看作不受欧洲瓜分世界狂潮所影响的探险家。不可否认，他们都有人类的缺点，比如难于掩饰的虚荣心和好斗，但他们不算后期发生的帝国掠夺的一分子。在19世纪的五六十年代，这些英国探险者依然能够保留某些孩子气的天真和热情，而这些都使他们的探索之路显得充满浪漫气质。

为什么他们是前往非洲探险呢？其中是有历史原因的。非洲是离古希腊人和古罗马人最近的一片“黑暗”大陆，这些人的好奇心断断续续地传给他们的欧洲后裔。其中最常问的问题包括，“尼罗河的源头在哪里，它为什么这样流动呢？”荷马、希罗多德、亚历山大大帝和尼禄皇帝，以及后来的地理学家，都想要知道答案。但直到19世纪70年代，这些问题的答案才逐渐明晰。19世纪地理学家将他们的好奇心从尼罗河的源头延伸到非洲大陆的整体地势，而对地势描述需要进行仔细的制图。在原始条件下，这一工作需要极度的耐心。约翰·汉宁·斯皮克整夜坐在恶劣的天

气下等待云雾散开，以计算月球与地球表面的相对角度；亨利·莫顿·史丹利则为绘制出准确的地图而冒着健康与生
154 命危险。[7]

至于身体上经历的艰难险阻，可以想想五十三岁的戴维·利文斯通在寻找尼罗河源头时所经受的一切。1870年6月，他进入一个今天的坦噶尼喀湖东边一百五十英里的国家。最初陪同他的三十五个搬运工，很多人丧生或遭遗弃，最后利文斯通的身边只剩下三个人。当他们穿越长满又长又硬的叶柄的棕榈树的山谷时，他们不得不踩着大象和水牛的足迹前行。“因此，他和他的同伴经常陷入深至大腿的大象的脚印坑里。路途太过艰辛，以至于连利文斯通这样敏锐的博物学家，都无法记录下许多他生平第一次看到的鸟类和猴子。”雨下得很大。每个晚上，他脱下衣服，用冒烟的火烤干。他因疟疾倒下过；每当吃的东西太硬，他都会出现急性消化不良且痔疮流血。“他那已被损坏的牙齿实在无法好好咀嚼青玉米和大象肉，这给他的胃带来巨大的负荷。这导致他经常出现胃灼热的情况。由于很多臼齿都松动了，他不得不在恶劣的环境中以粗暴的方式拔掉牙齿：他用一条‘结实的绳线’把牙齿绑住，然后再用重型手枪把拉直的绳线打断。”[8]

若要人忍受身体上的折磨，那么换来的最好是某个世
纪难题的答案；但有时候，并不需要如此宏大的“探求”
来推动探险。即使是没有长远历史源头也没有辉煌探险收
获的谜题，也能激发一场史诗般的英雄主义探险。拿艾普 155
斯雷·薛瑞—葛拉德参与的一次被他后来描述成“世界最
险恶的探险”来说吧。为什么要进行一场这样的探险？答
案是：为了弄清楚胚胎企鹅蛋如何抵御严寒。本着这个科
学目的（或者说，它只是一个借口？），在南极的隆冬季
节，三名男子于1911年6月22日从罗伯特·法尔肯·斯科
特探险队离开营地，向克罗泽角进发。起初，他们并没觉
得寒冷那么糟糕。温度只有零下47华氏度。在薛瑞—葛拉
德把他的手从手套里拿出来的刹那间，几乎“所有十个手
指都冻伤了，几个小时内每个手指上都有两个或三个长约
一英寸的大水泡。在接下来很多天，这些水泡都疼得不得
了”。而关于天气如何寒冷，薛瑞—葛拉德这样写道，在温
暖的帐篷里吃过早餐的他，刚走到外面抬头看看四周，就
发现他的头动不了了。“我站着的时候，衣服冻得僵硬——
也就十五秒的时间。此后的四个小时，我都要昂着头拉拽
仪器。从那以后，我们所有人都小心翼翼地在身体冻僵之
前，提前摆好弯腰拉拽的动作。”[9]严寒对人的折磨极其残

酷，但一片漆黑的环境使旅途更像地狱。

> 我不认为同为零下70华氏度的白日会像黑夜这样糟糕。因为至少在日光之下你能看见你在往哪儿走，
> 156 知道你踩在哪儿，可以看清你来程时踏进柔软白雪里的脚印，然后顺着它们原路返回那存放着剩下行李的地方。在日光之下，你也可以读指南针定向，而不需要翻开三四个不同的盒子只为找一支干火柴。[10]

直到今天，都有登山员、极地探险者和深海潜水员心甘情愿冒着危险克服困难，只为实现那些几乎没有经济或科学研究价值的目标。既然如此，早期和如今的英雄式冒险活动之间是否存在区别？我相信区别是有的。与现代世俗的探险者不同，那些维多利亚时代和爱德华时代的探险者，因为受到中世纪的骑士精神以及通过痛苦获得救赎的基督教信仰的浸染，在今天看来更加浪漫。对于像戴维·利文斯通和沃尔特·司各特爵士这样的人来说，站在道德的高地与成为第一个发现尼罗河源头或者第一个抵达南极的人一样重要。不可否认，与他们相比，我们现代人充满了怀疑态度，因为我们习惯于猜想他人的低级动机。这

种只看到同伴身上的脆弱而非力量、自私而非美德的习惯，是我们同他们的另一个重要区别。阅读薛瑞—葛拉德的记录，我被探险队员之间相互的尊敬和仰慕所打动。薛瑞—葛拉德是这么写比尔·威尔逊的：

> 我无法客观地评价他的价值。如果你了解他，你
> 无法喜欢上他，而是会爱上他。比尔是情操高贵之人。157
> 如果你问我他身上有什么特质使他比别人更有用、更可爱，我想我会说，他从没有一刻不是大公无私、为他人着想。[11]

我们大概会在一份讣告，而不是一部严肃的科学探险叙述中，滔滔不绝地赞美他人。实际上，对威尔逊的高度赞扬不止出现了一次，而是在整部探险纪实中被多次提及；威尔逊也不是唯一的英雄，探险纪实中还有其他一些同样令人敬佩的人。另一个区别是，早期探险家对于人类已经达到其他动物无法企及的道德高地的观点深信不疑。当代人却不这么认为。当唯利是图与狡诈邪恶使我们失去了对人性的信心，我们开始在动物中找寻模范的道德行为。薛瑞—葛拉德完全不会同意当代人的想法。他会认为，我们

的观点是无可救药的多愁善感。以下是他眼中的南极洲阿德利企鹅：

> 阿德利企鹅的生活，可算是世界上最粗野却也是最成功的一种。若是它们的群体中确有一心向善的好企鹅，估计也已经死光了。看看它们下海的场景吧。五六十只激动的企鹅聚集在冰块的边缘，望着脚下的海水并互相讲述下海将多么美好，以及有多么丰盛的晚餐在那里等着它们。但是，所有这些都只是说说而已：所有的企鹅都很担心一件可怕的事，那就是海豹在等着吃第一个跳入海中的勇者。根据我们的理论，
> 158 真正高尚的企鹅大概会说，“让我先跳；即使我被吃掉也算是无私地死去，我愿意为了同伴牺牲自己的生命”；按照这种逻辑，所有最高尚的鸟儿最后都死光了。事实上，它们是在试图说服一个心理防线较弱的伙伴跳下去：如果游说不成功，它们会匆忙通过一个征兵法，然后强硬地把它推下去。然后——砰砰砰，其他企鹅才会手忙脚乱地跳下海。[12]

人类向动物学习，究竟对我们意味着什么？如果动物

的目标是生存和繁衍后代，这也应该成为我们的目标吗？这么说当然是极端情况。作为人，我们大可以说，我们还有其他目标。目标之一是浪漫的超越，即超越那种对生存和舒适生活的渴望。但这种超越又是为了什么呢？对于英雄而言——或者更具体点说，对于地理学探险英雄而言——这种超越，是为了解决一个地理难题；是为了测试一个人的忍耐极限；是为了检视精神是否可以战胜脆弱的肉体。这种超越，是为了体验那些宏伟又令人陶醉的事物——我们或许只有在南北极地、最高的山峰、最深的海沟、最茂密的丛林或最贫瘠的沙漠中才能找到它们——即使有可能需要以生命作为代价。

/ 圣　人 /

如果对圣人是否也可浪漫有任何怀疑的话，那么我们就必须了解一下亚西西的圣方济各。他将自己视作穿着闪亮盔甲的骑士的想法，是浪漫甚至有些幼稚的。他曾向母
亲夸口道：“你知道吗？我要成为一位伟大的骑士，然后迎 159
娶一位为我生下许多孩子的公主。”[13]他的母亲听到这话必定觉得他过度天真但又是可爱的。这种骑士理想深埋在方

济各的性格里，并未随着他年龄的增长而消退。方济各对女性的态度也始终不渝，并受到其时达到高峰的圣母崇拜的影响。对方济各来说，礼貌，是一种上帝的属性；这种品质必须为他所创造的万物延续，即使深藏不现。方济各甚至向绵羊鞠躬致敬；而当他因视力缺陷必须在脸上接受火疗时，他恳请火焰兄弟（Brother Fire）文雅有礼。有人也许会认为，被上帝自己诅咒的毒蛇，不需要拥有良好的举止；但并非如此，在方济各看来，蛇以及其他爬行动物都必须彬彬有礼。若要体会方济各在世间万物中传播礼仪方面达到了如何程度，不妨拿18世纪的瑞典植物学家卡尔·林奈作为对比。有人或许会认为，这位现代生物分类学之父，会避免对其研究对象进行价值、善恶的评断。林奈大体上是做到了，但他不能抗拒自己对爬行动物发出责难。他认为，爬行动物的“愚蠢、讨厌、邪恶来自它们的冷血身体、暗淡颜色、软骨骨架、污秽皮肤、凶猛外表、狡猾眼神、刺鼻气味、刺耳声音、肮脏居所，还有可憎毒液”。[14]

方济各对世间万物——甚至对世间之人——的尊重，实际上来之不易。孩童时期，他拥有成为骑士的高贵理想；少年时期，他成为乐享锦衣玉食的骑士。他曾是一个试图避免接近任何丑陋、病痛、残疾、穷困事物的人；一个非常挑剔的人；一个身着华服骑在骏马上、沉溺于自身美色及朋友的赞美之言的人。然而，足够的自省让方济各鄙视自己的俗气。他认为，这些俗艳造就了罪恶，而这世上绝没有任何比罪恶更为丑陋和令人作呕之事。年少的方济各曾听到天父之音，后者提醒他世间万物的美丽——事实上，方济各生性热爱美好的事物，这样的谏言并不必要。但是某天，天父之音发生了变化，提示他去追寻精神的高度。为此，他必须经历苦难。何为苦难？崇尚美丽、享受锦衣玉食之人，需要克服曾经让他厌恶的乞丐怖人的恶臭、丑恶的疾病，以及聚集在其污秽衣服下的害虫。一次严峻的考验发生在方济各骑马遇到一位麻风病人的时候。他在那一刻做了些什么？他并没有掉转马头，相反，他下马来到满脸脓疮的麻风病人面前，“抓住了他的手，并用他的嘴唇——那曾经高傲的嘴唇——亲吻在麻风病人的腐肉上”。据说，方济各瞬间感受到一种无比的喜悦。[15] 160

亚西西的圣方济各是那个时代的伟大人物。在现代人的眼中，亲吻麻风病人不是一项天父对圣徒的测试，而方济各的举动甚至会被认为是在作秀。“方济各”也存在于当

代。当今的自然爱好者会把他看作亲近自然的精神领袖。拥抱树木？我可以想象方济各会做出这样的事情。拯救双
161 髻鲨？同样如此。但是，相似的行为背后的动机并不相同。方济各呵护自然万物，因为上帝是这样做的。我们对自然万物的关怀，则是基于一种我们对生态多样性之重要性的认知，也就是其于生态健康的重要性，以及从长远角度来看，对人类生存发展的重要性。我们只能说，当今的自然爱好者和环境主义者是明智的，而不是浪漫的。

我们沉浸于为平等与社会公正之事疾呼，相关主题的论述足以堆满许多书架——这涉及我们有别于方济各的另一个方面。与我们不同，方济各从来没有用言语提及这些。他对人人生来平等的信仰，体现在他亲吻麻风病人的举动；他对世间万物平等的信仰，体现在他施礼于绵羊的行为。对方济各而言，一个人在街市上的所作所为，比他在圣所里的言论重要得多。因此，方济各与我们的不同建立在另一种宗旨——信仰之上。

现代的社会改革者和革命者力图纠正错误、树立正义，而不明行为背后的原因。在黑暗的时刻，他们或许会问自己："是否我如此渴求之物不过是我的个人喜好？我是否只是简单地追随着这个时代的道德风潮？"方济各和他的追随

者们不会为这些问题烦恼，因为，公正根植于他们对“公正的天主”的信念之中。在世间寻求“公正”是一种探求——甚至是一种不切实际的探求——虽然诱人却高不可攀，就像上帝一样迷人却又不可触及。

现在，我来讲讲现代美国的一位圣人，多萝西·戴伊（1897—1980年）。她的性格和生活经历与方济各截然不同——这恰好印证了我的观点，即圣人都是令人兴奋地各 162
具特色，而坏人却是令人厌倦地一致不变。青年时代的戴伊投身社会主义事业。她不知厌倦地去改进穷人的生活条件，但深知贫穷绝不只是一种社会范畴：相反，她试图设想作为这个女乞丐或是那个男流浪汉的感受，以及他们如何能够忍受以这样的方式生存——在她看来，以那样的方式生活，需要远超过其自身所能承受的忍耐力。戴伊天资聪慧且雄心满满。纽约的学者朋友们鼓励她以手中的纸笔作为武器，不久后，她就成了一名成功的记者和传记作家。在文学创作的成就之上，炽热的爱情也进入了她的生活。她遇到了一位名叫福斯特的男人。他们生活在一起，相互尊重并深爱对方。女儿的降生给他们——特别是作为母亲的戴伊——带来了巨大的幸福。一切都美满顺利。尽管如此，某种超越性的东西总是萦绕在她心头——那是一种遥远而不可把握的真实，却又让其他一切事物显得不够真实。1927年，她进入了天主教会。

对世界而言，多萝西·戴伊最为人知的成就是她在1933年创办了《天主教工人》。到了20世纪40年代，这份新闻报刊开始产生全国范围的影响，特别是在如何通过食物种植来满足本地需求、加强社区联系，以及将道德的敏感度和严肃性注入社区生活等方面。她所做的这些事情自然对社会有着积极意义，但除此之外，另一个有关人类心
163 理的议题是：多萝西·戴伊是否是一个真正的好人——一位圣人？对我而言，这个问题已经在美国作家罗伯特·克勒斯所讲述的一件轶事中被回答了。1952年，克勒斯是一位想要放弃从医的医学学生——换言之，他是一个对未来感到迷茫的年轻人。他来到“天主教工人”机构位于曼哈顿的施粥场，想着自己或许可以在那做一些志愿者工作。有一次，他遇到当时已经在学术圈和宗教圈满怀声誉的多萝西·戴伊，她正在倾听一位显然已经喝醉酒的中年妇女讲话。从他所站的地方，克勒斯能够看到戴伊与醉酒女子之前的交流并没有取得多少进展。尽管如此，戴伊仍专心地聆听着，直到她看到了克勒斯，才问了醉酒女子是否可以打断一下正在进行的谈话。然后，戴伊转身询问克勒斯，

“你要和我们之中的一位讲话吗?”不是“与我”,而是“与我们之中的一位”。[16]

方济各曾亲吻了一位麻风病人。多萝西·戴伊虽然没有做过一模一样的事情,但她曾不太情愿地亲吻了街上一位醉酒妇女那唾沫横飞的嘴,因为这是来自那个妇女的要求。我们现代人都会对这样戏剧性的情景感到怀疑和不解。对我们而言,善良体现在一些细小的瞬间行为上。“你要和我们之中的一位讲话吗?”就是这样的一种行为。在这些时刻——这些如此迅速和看似平凡的时刻——多萝西·戴伊显示了自己是一位真正的圣人。

但是,为什么要说她浪漫呢?她或许会拒绝被贴上这个标签,因为这个词更多地会被用在那些上流人的身上,而与圣人毫无关系。那为什么还要用浪漫这个词呢?一个原因是这个词所蕴含的“魅力”(glamor)的意味:极富魅力——像电影明星般富于魅力的——因而浪漫。另一个 164
原因是这个词所传达出的“优越”(superiority)的意味,即与普通人相比生活在一个更高的阶层。事实上,圣人与我们这些凡人不同。他们更具活力,所以看起来更为生动、多彩、充满魅力。凡人想要一个美满的家庭、一份优厚的工作;凡人渴望被人认可,追逐着那些可以触及的愉悦——比如完美的性爱、公园的散步，还有那伴着音乐的烛光晚餐。作为人类，圣人无疑也同样喜欢这些愉悦；但他们区别于我们的，是这些愉悦在本质上无法让他们感到满足和真实。多萝西·戴伊确实就是这样。圣人追逐着其他一些东西——一些不可触及以及几乎不可能用语言描绘的东西——但这些东西是至高无上的真实、终极的乐趣。尽管这条追逐至真之物的道路遍布艰难险阻——比如苦难甚至死亡——但是，与圣人所能获得的终极快乐相比，一切都无关紧要。在一种向着“极致经验”前行的不可替代的力量的驱动下，一个人会平静地漠视那些世俗之愉悦与
165 社会之常规。这就是圣人拥有浪漫气质的原因。

终　曲

请让我重述一下部分要点。求索是浪漫的核心要素，但追寻的一定要是两极化价值。追名逐利，即便付出了沉重的代价，也不在浪漫之列。渴求生存也不算浪漫；因此，由于地理学和社会科学通常是关于生存之艺术，它们并不浪漫。事实，上述二者对浪漫这个名头避之不及。那么在地理学科中，像圣杯一样值得追寻的两极化价值是什么？其中一个是遥远而不可及的角落。探险家们（特别是那些特别出类拔萃者）的超凡脱俗达到了令人讶异的程度：他们渴求的既不是金钱回报，也不是名声威望，甚至也不是自己国家的声望。如果一定要说一个原因，他们会从个人 167
或者科学的角度给出答案。在个人层面上，他们想体会类似险境生还的那种令人迷醉的感受。在科学层面上，他们想探寻自然最严酷的一面，坚信大自然最深的秘密就藏在那里——虽然有时候结果并不如其所愿。驱使他们的，还有什么呢？一抹神秘主义气息？何尝不可！毕竟，在被问及为什么攀登珠穆朗玛峰时，乔治·马洛里的回答充满了禅宗的意味："因为山在那里。"

19世纪，地理学家同时也是探险家。他们的冒险故事令人激动不已，公众渴望读到他们所写的冒险经历。然而到了20世纪中叶，这种热望大大衰退了。探险家们依旧前往条件严苛的地方探险，也苦苦寻求科学奥秘的答案，但其壮举的光环逐渐黯淡了，因为其承载了经济上的考虑，比如是否能发现煤、石油或贵金属。在我们这个后宗教或后浪漫主义时代，鲜有事物——包括科学——不被质疑其真正目的是经济或政治考虑。但我们有一个例外，那就是最高阶的自然科学。测量中微子行进速度的物理学家，探寻大爆炸前的宇宙奥秘的宇宙学家，在遥远的天文台观测消逝已久的星辰的天文学家……这些科学家并不是要通过自己的努力提高人们的生活水平，或者增强本国的军事力量，抑或使蕾切尔·卡森所说的"地球的绿色

168 斗篷"重获新生。既然如此，为什么他们能坚持不懈并

且乐此不疲？是基因使然，父母激励，还是启发式教育的结果？没有人知道真正的原因。我们能确定的是，与人之身体需求并存的，是人之精神需求——这些自然科学家所拥有的浪漫天性，为其精神世界带来满足感和成就感。

地理学家和充满幻想的科学家是截然不同的。地理学家讲求实际，脚踏实地，他们的研究对象是人类的栖居地。"家"是个关键概念，它是一个何等可爱和暖心的词汇啊！无论它是一幢房子，一个城镇，还是一颗星球，谁能够对家无动于衷？然而奇怪的是，地理学似乎在公众眼中缺乏魅力。在超市或机场，我们看不到地理杂志有售；当然了，《国家地理》杂志是个例外。我们的确会发现《国家地理》和《科学美国人》并排出售，但它们都被汹涌的时尚和人物类杂志淹没。尽管如此，《国家地理》为什么会是例外？为什么它到目前为止是最受欢迎的地理学出版物？答案是：它仍然延续着探索的传奇史。在人们熟稔陆地部分之后，《国家地理》转向了海洋，又从地球转向了其他行星和恒星。

然而，随着《国家地理》杂志大幅扩展涵盖领域，它对"地理学"中"地"的概念的滥用越发刺目。《国家地

理》关注的不再是人类栖居的地球，这样的话，它继续被
169 冠以“地理”的头衔是否合适呢？我认为还是合适的，只要我们把重心从“地球”转移到“家园”。人类的“家园”是什么？如果我们仅把自己看作是在生存压力下苦苦挣扎的生物，那么这个问题的答案是地球。但如果我们也把精神层面考虑进去，将其视为人的精髓所在，那么我相信，正如弗朗西斯·培根第一个指出的那样，为了避免幽闭恐惧症，人类也许需要将整个宇宙当成游乐场。

若着眼于展开某种求索的人类个体，我们不难举例证明地理是浪漫的。但是如果以一个群体或社会为例，情况还是一样吗？答案是肯定的。为了说明这一点，我要回到我之前介绍过的两极化价值上。孤立的小群体和复杂的大社会之间的一个重要差别是，对于前者而言，两极化价值是固定的，而且更多是在一个可实现的层面上保持固定。以身体/精神这个两极化价值为例，比如对于哈特派信徒而言，身体与古希腊所崇尚的最健美的理想身体无关，精神与通才莱布尼兹所取得的成就毫无牵连。在此前提下，某个哈特派信徒不会去突破其自定义的文化极限而挑战和扩展自己在身体与精神上的能力。在复杂的大社会中，两极化价值的反差则更大；此外，它们并不固定，并且可以随

着时间的流逝获得更丰富的内涵。在这样的社会中，有雄心的个体迎接从社会较低层向较高层奋进的挑战，在这一过程中从志趣相投之人那里获得支持帮助。他们一起工作，170
形成有创造力的单元，像酵母一样让整个社会发酵，使其达到更加复杂和伟大的阶段。这种社会发展提升的案例佐证了“浪漫的崇高”（romantic sublime），因为除了非人力量的作用之外，推动这种转变的是各种各样的人类个体，他们的野心和奋争触发了社会提升过程中形形色色的事件，有仁爱亦有残忍，有高尚亦有无耻。更富有戏剧性的是，一个社会在发展到顶峰时总会在内外交困的情况下不可避免地走向衰落。

对于复杂的大社会（文明）而言，系统知识是一项伟大的成就。当然，系统知识可能相当枯燥。如今，越来越多的地理知识都是非常枯燥的。即便它不讨论资源和生计，而是围绕人类冲突展开论述，也很少能够打动读者。究其原因，对上述冲突的论述，有些属于当前流行的大师们——马克思主义者、女权主义者和解构主义者等——所强调的观点，因此对于普通读者而言过于学术、内向化或接近成见；有些则是属于当下社会关注或政治斗争的热点，所以新闻媒体已对其进行广泛报道，在读者看来必是似曾相识的。

如果地理方面的著作在过去获得的关注更多，那并不是因为那时的地理学家更有天分。真正的原因是，地理学
171 在当时是一个不够专业和学术的领域，因此无论是在内容还是风格方面，都没有什么是可以接受、什么是不可接受的严格规定。那时的地理学更像是业余人士的嗜好，他们受求知欲的驱使，而免于既定的研究计划和路径的束缚。这样的结果便是，那时的地理学著作更加文学化、富于想象力，且直面大众读者；但从消极方面来看，在这些著作中更容易出现与事实不符的论断和草率片面的结论，而且会不自觉地容纳一些道德主义和神学方面的内容。在一个成年的业余爱好者（业余爱好者的英文amateur来自拉丁文amator，即爱人之意）的作品中，我们有时会感受到豪放之情，类似于小孩子的作品中常见的那种无拘无束。这不难理解，因为小孩子都是浪漫的，且富于大胆的想象力；当他们到了七八岁以后，随着对所在群体的话语模式和道德观念的适应，会逐渐失去这种特质。

老一辈和我们这代人的地理学作品之间的另一个区别是，前者着眼于地球上更大的地理单元，比如地球本身或其主要的板块。在第二章，我简要介绍了这种着眼于大尺

度的地理作品是什么样的。我将其视为一种浪漫的地理学，因为它们反映了处于特定时间和地点的人们，展现了他们的愿望和恐惧、勇气和贪婪，尽管身处那时那地的人们对此是不自知的。现代的学术作品同样也是对人的反映，但它是对特定群体的反映，在某些情况下甚至仅仅是一个小 172
圈子。这个圈子的成员，虽然对自己观点的重要性深信不疑，并且希望这些观点在更广泛的范围得到传播，但是由于采用了内行的深奥语汇而不得志。因此，其作品的影响力只能限于内部而不是发散到外部，这就是说，其作用是增强了群体内部的粘合力。

浪漫的地理学，请允许我再说一次，关注那些极端的两极化价值，以及那些富有挑战性的环境。这么做的好处在于，两极化价值观能够揭示出人类真实的恐惧与欲望，这是那些中庸的价值观或是和谐的小环境无法做到的。以热带雨林为例。发达国家目前把热带雨林看作一个丰富的生态系统、一个需要保护的无价资源。然而，从过去和当前的行动判断，人类出于需求或贪婪，从未把热带雨林当作需要保护的自然奇迹，而是当作需要征服的对象或是可被利用的资源。实际上，问题更加严重。因为无论何时何地，只要人类拥有了改变自然的技术，他们就会全然不顾对自然的敬畏去实施改变。有时候，这种敬畏反而成了掩饰和伪装，让人类带着良知去做恶事。如果我的说法成立，那么人类与自然在根本上就是对立的。人类需要去改变一
173 切能改变的。施加改变的方法最初是单纯的语言（如“伊甸园”），然后是语言加上工具（如“农场”）；伴随工具能力的不断提高，它和语言共同制造出了终极产品，即“大都市”。

大都市是公然反自然的。在大都市，自然的地貌被强加上几何形式，自然的循环被逆转——植物在冬天而非夏天勃发，变夜为昼、变暗为明。由光所带来的转变又是什么呢？光不仅意味着闪亮耀眼的直观感受，也意味着智力与精神上的开化。从混沌自然到闪光城市的转变可谓是一种地理罗曼司，它因想象力和道德理想主义而产生，因愚蠢和贪婪而衰落；无论如何，结局是幸运的，因为这片人造之城是最能实现人类潜力的地方。只有城市——而非乡村或自然环境——具有这种魔力。首先，作为人之为人的重要因素的语言，其种类、范围和深度只有在城市环境中——而非草垛间、溪水畔——才能充分体现。其次，在一个完美规划的城市中，我们仍然可以在公园或是屋顶农场体验自然之美；但是自然，却无法给我们提供体验城市

之美的场所。自然的地貌尽管丰富，却展现着千篇一律的广阔，难以形成一个微缩城市供我们消遣。

向着高尚的目标努力不仅压力重重，而且难免有失败的可能。因此，停留或是回归到要求较低的层次是一种受欢迎的做法。其中一种形式即充满了温馨画面的、渊源已久的理想化农场：带着茅草屋顶的农舍，炉灶里的火光， 174
现烤面包的香气，儿童的睡前故事以及成人们啜饮苹果酒时愉快的闲谈。这种描述乡村生活的陈词滥调，完全没有提及失去了现代化的公共设施之后，生活将会面临的困难与痛苦。但是，我们不难理解，为何那些荒漠冰原的开拓者，或是任何冒着生命危险去追寻不切实际的目标的人，会在脆弱的时刻，向往简单的家庭生活或是农场生活，并给那样的生活赋予浪漫的色彩。与之相比，那些在痛苦与压力之外产生的对乡村生活的向往与想象，则是虚幻的。

对于那些已经厌烦了在思想与精神的稀薄空气中生活的知识分子，沉湎于带着汗味的人类身体之美似乎更加有趣。詹姆斯·乔伊斯绝对是这么认为的。他的著作《尤利西斯》以单词“yes”结尾。但是这个“yes”，据他解释，象征着女性的阴部。就像其他现代主义者一样，乔伊斯鄙视浪漫，鄙视对高度的渴望，最重要的是，他鄙视通过精神的升华，从“低”向“高”进步的路径，即从柏拉图开始的西方道德家们一直标榜的升华之路。对于现代的世故之人与愤世嫉俗者，未经文明加工的生物生活——“低层次”的生活——才是一切真实幸福的来源。[1]

乔伊斯和其他的现代主义者所言有理。就像希腊人说的，目标过高是一种傲慢。这样的目标经常导致错误或夸大妄想，进而将一个人或一个群体毁灭。回想一下美学家对优雅的推崇，一切都很美好，只是这样的追求让他们轻
175 易去鄙视那些品位略低的人。就算些许傲慢是可以被接受的，优雅之人也应记得，过分强调精致意味着对生活的恐惧，因为生活本身就是混乱的。登山者的例子也很有代表性。登山者的冒险本身是无罪的，他们想要在山峰的壮美之中检验自身的坚忍之力。然而，对于那些生活在高山阴影之中、难以受到阳光照耀的广大人群来说，这同样也可被视作是在炫耀自身的优越性。

从群体层面来看，浪漫主义可能导致激进的民族主义，如同希特勒时代的德国。纳粹思想家是极端的浪漫主义者，试图构建一个适于真正的雅利安人的“千年帝国”，渴望同时拥有牢不可破的基于血统和地域的社区，以及无根的充满不朽建筑的闪亮城市。在希特勒的领导下，德国被夸张

的演说和表演哄骗，比如火炬照明的大型游行，其冒险行为以灾难收场就不可避免了。全民参与的浪漫追求是非常可疑的。也许唯一不会危害自身和他人的强烈追求就是一个人对美德的追求；即使是这样，还是要避免把美德变作虚荣和错觉。从另一方面说，如果一个人一贯小心，永远在算计得失，他也就失去了动力和热情，也就无法成为一个完全鲜活的人。

浪漫的地理学并不是过时之物。地球上还有许多地方——比如说海洋——等待着地理学家去探索；而地球之
外，还有其他我们知之甚少的行星和恒星。如果地理学家 176
认同“家”里住的是广阔的人类精神而不是简单的人类身体，那么这些地方同样是他们研究的领域。从另一方面来说，如果“家”的概念如此宽泛，那么我们研究的或许就不仅仅是地理学而是宇宙学。实际上，任何超越了对地球的痴迷并开始欣赏天空、太阳和星星的文化——以及所有完成这一转变的文明——都默认了我们的家园不仅仅是地球而是整个宇宙。事实上，对于人类历史上的大多数人来说，地理学也是宇宙学。

最后，对于个体的地理学家和科学家来说，都有个关于“灵感”的问题。若是对家务的细节问题过分重视——

我必须称其为“家园经济”——会使头脑中形成官僚式的框架。如此一来，地理学系将会变成社会经济学数据的收集分析办公室，而地理学家则会变成辩论当今社会意识形态的权威。家政学般的行事方式必须与浪漫且先验性的洞察力为伴——无论是像威廉·华兹华斯所说的“仿若那寄寓于落日灿烂余晖之中的、渗入万物魂灵的虚无缥缈”，还是如爱因斯坦说的“宇宙的音乐”（music of the spheres）。尽管“宇宙的音乐”这一古老的哲学概念在现代物理学中早已过时，爱因斯坦却重拾其重要性——若没有对超越人类身体感知的崇高的渴求，若没有倾听这宇宙之音的精神
177 的耳朵，就难于取得真正优秀的科学成就。

注　释

/ 序　曲 /

1. Donald E. Brown, *Hierarchy, History, and Human Nature: The Social Origins of Historical Consciousness* (Tucson: University of Arizona Press, 1988), 19–72; Yi-Fu Tuan, "Realism and Fantasy in Art, History, and Geography," *Annals of the Association of American Geographers* 80, no. 3 (1990): 435–446.

2. Jacques Barzun, *Classic, Romantic, and Modern* (Garden City, NJ: Anchor Books, 1961), 15; Charles E. Larmore, *The Romantic Legacy* (New York: Columbia University Press, 1996); Jean Pierrot, *The Decadent Imagination, 1880–1900* (Chicago: University of Chicago Press, 1981).

3. Arnold J. Toynbee, *Civilization on Trial* (New York: Oxford University Press, 1948), 55; Arnold J. Toynbee, *A Study in History* (New York: Oxford University Press, 1972), 70–72.

/ 1 两极化价值 /

1. Otto von Simson, *The Gothic Cathedral: Origins of Gothic Architecture and the Medieval Concept of Order* (New York: Pantheon Books, 1962), 3–4.

2. Erwin Panofsky, *Abbot Suger on the Abbey Church of St. Denis and Its Art Treasures* (Princeton: Princeton University Press, 1946), 63, 65.

3. 同上书，132。

4. Kenneth J. Gergen, "The Significance of Skin Color in Human Relations," *Daedalus*, Spring 1967, 397–399.

5. Cedric Watts, *Conrad's "Heart of Darkness": A Critical and Contextual Discussion* (Milan: Mursia International, 1977), 7, 9–10; reproduced in Harold Bloom, ed., *Joseph Conrad's "Heart of Darkness" and "The Secret Sharer"* (New York: Chelsea House, 1996), 56.

6. Paul Wheatley, *The Pivot of the Four Quarters* (Chicago: Aldine, 1971); James Dougherty, *The Fivesquare City: The City in the Religious Imagination* (Notre Dame: University of Notre Dame Press, 1980).

7. Vincent Scully, Jr., *The Earth, the Temple, and the Gods: Greek Sacred Architecture* (New Haven: Yale University Press, 1962).

8. George Orwell, *Down and Out in Paris and London* (London: Secker & Warburg, 1951), 21.

9. Leonard Barkan, *Nature's Work of Art* (New Haven: Yale University Press, 1975), 12–13.

10. 同上书，132。

11. Gaston Bachelard, *La Poètique de l'espace* (Paris: Presse

Universitaire de Paris, 1958), 35, 41; George Steiner, "The Language Animal," *Encounter*, August 1969, 17.

12. Yi-Fu Tuan, "Foreword," in Kenneth Olwig, *Landscape, Nature, and the Body Politic* (Madison: University of Wisconsin Press, 2002), xii–xiii.

13. Hannah Arendt, *The Human Condition* (Garden City, NY: Doubleday / Anchor, 1959), 155–223.

14. J. H. Hexter, "The Education of the Aristocracy in the Renaissance," *Reappraisals in History* (Evanston: Northwestern University Press, 1962).

15. John M. Hoberman, *Darwin's Athletes* (Boston: Houghton Mifflin, 1997).

/ 2　地球及其自然环境 /

1. Hendrik Willem van Loon, *Van Loon's Geography* (New York: Simon & Schuster, 1932), 3.

2. C. S. Lewis, *The Discarded Image* (Cambridge: Cambridge University Press, 1964), 96–99.

3. 尤其是，C. S. Lewis的科幻三部曲*Out of the Silent Planet* (London: Pan, 1938)，*Perelandra* (London: Pan, 1943)和*That Hideous Strength* (London: Pan, 1945)。

4. Blaise Pascal, *Pensées*, 206.

5. *Science* 248 (June 15, 1990): 1308.

6. Francis Bacon, *The Advancement of Learning, 1605*, First Book, I, 3. 见*They Stand Together: The Letters of C. S. Lewis to Arthur Greeves, 1914–1963*, ed. Walter Hooper (New York: Macmillan, 1979), 322–323.

7. Marjorie Hope Nicolson, *Mountain Gloom and Mountain Glory* (New York: Norton, 1962).

8. Yi-Fu Tuan, *The Hydrological Cycle and the Wisdom of God* (Toronto: University of Toronto Press, 1968).

9. Julio Caro Baroja, *The World of Witches* (Chicago: University of Chicago Press, 1965), 238.

10. Veronica Della Dora, *Imagining Mount Athos* (Charlottesville: University of Virginia Press, 2011), 113.

11. Gavin Rylandsde Beer, *Early Travellers in the Alps* (London: Sidgwick & Jackson, 1930), 89–90.

12. Jeremy Bernstein, *Ascent: Of the Invention of Mountain Climbing and Its Practice* (New York: Random House, 1965), 49–50.

13. Rüdiger Safranski, *Schopenhauer and the Wild Years of Philosophy* (Cambridge: Harvard University Press, 1990), 39–40.

14. Ray Müller, director, *The Wonderful, Horrible Life of Leni Riefenstahl* (1993).

15. W. H. Auden, *The Enchafèd Flood: Three Critical Essays on the Romantic Spirit* (New York: Vintage Books, 1967); George Wilson Knight, *The Shakespearian Tempest* (Oxford: Oxford University Press, 1932).

16. Edgar Allan Poe, "A Descent into the Maelstrom," in *Great Tales and Poems of Edgar Allan Poe* (New York: Simon & Schuster, 1997), 233.

17. Jules Verne, *Twenty Thousand Leagues under the Sea*, transl. H. Frith (London: Dent; Rutland, VT: C. E. Tuttle, 1992), 1, 215, 258–260.

18. 同上书，49–53。

19. Walter Lord, *A Night to Remember* (New York: Henry Holt, 1955), 24–25, 169.

20. James Hamilton-Paterson, *The Great Deep: The Sea and Its Thresholds* (New York: Random House, 1992), 191.

21. Colin M. Turnbull, "The Mbuti Pygmies of the Congo," in James L. Gibbs, ed., *Peoples of Africa* (New York: Holt, Rinehart, & Winston, 1965), 308–309.

22. Colin M. Turnbull, *Wayward Servants* (London: Eyre & Spottiswoode, 1965), 19–21.

23. Mary Douglas, "The Lele of the Kasai," in Daryll Forde, ed., *African Worlds: Studies in the Cosmological Ideas and Social Values of African Peoples* (London: Oxford University Press, 1963), 4–7.

24. Michael Williams, *Deforesting the Earth: From Prehistory to Global Crisis* (Chicago: University of Chicago Press, 2003).

25. 引自 Keith Thomas, *Man and the Natural World: A History of the Modern Sensibility* (New York: Pantheon Books, 1983), 194。

26. Bruno Bettelheim, *The Uses of Enchantment: The Meaning and Importance of Fairy Tales* (New York: Alfred A. Knopf, 1976), 66.

27. Alex Shoumatoff, "Amazon: Dispatches from the Men's Hut," *Outside*, July–August 1973, 65–66.

28. Harold Evans, ed., *Men in the Tropics: A Colonial Anthology* (London: William Hodge, 1949), 28.

29. 同上。

30. Robert Pattison, *The Triumph of Vulgarity* (New York: Oxford University Press, 1987); Hillel Schwartz, *Making Noise: From Babel to the Big Bang and Beyond* (Brooklyn, NY: Zone Books, 2011).

31. Evans, *Men in the Tropics*, 17–18.

32. Robert Pogue Harrison, *Forests: The Shadow of Civilization* (Chicago: University of Chicago Press, 1992), 6.

33. David Hawkes, *Ch'u Tz'u: The Songs of the South* (Boston:

Beacon Paperback, 1962), 119–120.

34. Lydie Dupont, "The Human Factor," *Science* 335 (March 9, 2012): 1180–1181.

35. Simon Romero, "Once Hidden by Forest, Carvings in Land Attest to Amazon's Lost World: A Scholarly and Environmental Reappraisal," *New York Times*, January 15, 2012, 6.

36. Joseph R. Levenson and Franz Schurmann, *China: An Interpretive History* (Berkeley: University of California Press, 1969), 113.

37. André Gide, *Travels in the Congo* (New York: Modern Age Books, 1937), 174.

38. 同上书，111–112, 140; Marianna Torgovnick, *Primitive Passions: Men, Women, and the Quest for Ecstasy* (New York: Knopf, 1996), 15–17.

39. Harold Bloom, *Joseph Conrad's "Heart of Darkness" and "The Secret Sharer"* (New York: Chelsea House, 1996), 58–59; 亦见 Chinua Achebe, "An Image of Africa," *Massachusetts Review* 18, no. 4 (Winter 1977): 783–785.

40. Bloom, *Joseph Conrad's "Heart of Darkness" and "The Secret Sharer,"* 61; Walter J. Ong, "Truth in Conrad's Darkness," *Mosaic* 11, no. 1 (Fall 1977): 152–155.

41. 在"沙漠"和"冰"两部分，我引用了我的论文 "Desert and Ice: Ambivalent Aesthetics," in Salim Kemal and Ivan Gaskell, eds., *Landscape, Natural Beauty, and the Arts* (Cambridge: Cambridge University Press, 1993), 139–157。

42. John Leighly, "Dry Climates: Their Nature and Distribution," *Desert Research, Proceedings International Symposium*, Research Council of Israel, special publication no. 2 (Jerusalem, 1953).

43. James Hutton, "The Theory of Earth," *Royal Society of Edinburgh* 1, part 2 (1788): 62.

44. Ralph C. Morris, "The Notion of a Great American Desert East of the Rockies," *Mississippi Valley Historical Review* 13 (1926): 190–200.

45. J. H. L. Cumpston, *The Inland Sea and the Great River: The Story of Australian Exploration* (Sydney: Angus & Robertson, 1964).

46. R. C. Zaehner, *The Dawn and Twilight of Zoroastrianism* (New York: Putnam, 1961), 36–40.

47. George H. Williams, *Wilderness and Paradise in Christian Thought* (New York: Harper & Brothers, 1962), 11–18.

48. J. H. Simpson, *Journal of a Military Reconnaissance from Santa Fé, New Mexico, to the Navajo Country* (Philadelphia: Lippincott, 1852), 32.

49. W. H. Mackean, *Christian Monasticism in Egypt* (London:SPCK,1920), 135–137.

50. John Cassian, Conferences 9 and 19, trans. Edgar C. S. Gibson, in *Nicene and Post-Nicene Fathers* (2nd series; New York, 1984), vol. 11.

51. Raymond B. Blakney, *Meister Eckhart: A Modern Translation* (New York: Harper Torchbooks, 1941), 200–201.

52. Norman Douglas, *Experiments* (New York: McBride, 1925), 19–20.

53. Richard Trench, *Arabian Travellers: The European Discovery of Arabia* (Topsfield, MA: Salem House, 1986), 213.

54. Robert Payne, *Lawrence of Arabia: A Triumph* (London: Robert Hale, 1966), 45.

55. T. E. Lawrence, *Seven Pillars of Wisdom* (Garden City, NY: Doubleday, Doran & Co., 1935), 40.

56. Payne, *Lawrence of Arabia*, 116.

57. Jeffrey Meyers, *The Wounded Spirit: T. E. Lawrence's Seven Pillars of Wisdom* (New York: St. Martin's Press, 1989), 126; 转引自 Ernest Thurtle, *T. E. Lawrence, by His Friends*, 355。

58. Michael A. Anderegg, "Lawrence of Arabia: The Man, the Myth, the Movie," in Laurence Goldstein, ed., *Seasonal Performances: A Michigan Quarterly Review Reader* (Ann Arbor: University of Michigan Press, 1991), 124.

59. Yi-Fu Tuan, "Ambiguity in Attitudes toward Environment," *Annals of the Association of American Geographers* 63, no. 4 (1973): 416–417.

60. John K. Wright, "The Open Polar Sea," *Geographical Review* 43 (1953): 338–365.

61. Francis Spufford, *I May Be Some Time: Ice and the English Imagination* (New York: St. Martin's Press, 1997); Chauncey C. Loomis, "The Arctic Sublime," in Ulrich Camillus Knoepflmacher and G. B. Tennyson, eds., *Nature and the Victorian Imagination* (Berkeley: University of California Press, 1977), 95–112.

62. Edward Shackleton, *Nansen the Explorer* (London: Witherby, 1959).

63. Liv Nansen Hoyer, *Nansen: A Family Portrait* (London: Longmans, 1957), 48–49, 79.

64. Fridtjof Nansen, *Farthest North: Being the Record of a Voyage of Exploration of the Ship "Fram," 1893–1896* (New York: Harper & Brothers, 1897), vol. 1, 81.

65. 同上书，vol.2, 446。

66. Fridtjof Nansen, *The First Crossing of Greenland* (London: Longman's, 1892), 297.

67. Christopher Ralling, *Shackleton: His Antarctic Writings* (London: British Broadcasting Corporation, 1983), 29.

68. 同上书，79。

69. Nansen, *Farthest North*, vol. 2, 446–447; *First Crossing*, 313.

70. Nansen, *Farthest North*, vol. 2, 41.

71. 同上书，vol.2, 440。

72. Richard E. Byrd, *Alone* (first published in 1938; Los Angeles: Tarcher, n.d.), 3–4.

73. Richard E. Byrd, *Discovery* (New York: Putnam's, 1935), 167.

74. Byrd, *Alone*, 178–179.

75. 同上书，25，73–74。

76. 同上书，85。

77. 同上书，138–139。

/ 间奏：健全却平凡 /

1. S. N. Kramer, *The Sumerians* (Chicago: University of Chicago Press, 1963), 263.

2. 关于莎士比亚戏剧中"典范生活"的观念，见Lionel Trilling, *Sincerity and Authenticity* (Cambridge: Harvard University Press, 1972), 39。

/ 3 城 市 /

本章根据我发表在《地理评论》杂志第68期中的《城市：其与自然的距离》一文修改而成。感谢美国地理学会允许我把相关内容收录本书中。发表于《地理评论》杂志的原文可见：Yi-Fu Tuan,

"The City: Its Distance from Nature," *Geographical Review* 68, no. 1 (1978): 1–12。

1. Edouard Biot, *Le Tcheou Li* (Paris, 1851), vol. 2, 554–555.

2. Arthur F. Wright, *The Sui Dynasty: The Unification of China, A.D. 581–617* (New York: Knopf, 1978), 87–88; Arthur F. Wright, "Symbolism and Function: Reflections on Ch'ang-an and Other Great Cities," *Journal of Asian Studies* 24, no. 4 (1965): 667–669.

3. Edward H. Schafer, *The Golden Peaches of Samarkand* (Berkeley: University of California Press, 1963), 15.

4. 关于城市的部分参见我的论文"The City: Its Distance from Nature," *Geographical Review* 68, no. 1 (1978): 1–12.; A. Leo Oppenheim, *Ancient Mesopotamia* (Chicago: University of Chicago Press, 1974), 115–116。

5. Etienne Balazs, *Chinese Civilization and Bureaucracy* (New Haven: Yale University Press, 1964), 68; Ping-ti Ho, "Lo-yang, A.D. 495–534: A Study of Physical and Socio-Economic Planning of a Metropolitan Area," *Harvard Journal of Asiatic Studies* 26 (1966): 52–101; reference on 69 and 81.

6. Howard Saalman, *Medieval Cities* (New York: Braziller, 1968), 24–25, 40.

7. Dana Carleton Munro and George C. Sellery, *Medieval Civilization* (New York: Century, 1910), 362–363; translated from Karl Lamprecht, *Deutsche Geschichte* (Berlin: R. Gaertners, 1896), vol. 4, 211–217.

8. Norman G. Brett-James, *The Growth of Stuart London* (London: George Allen & Unwin, 1935), 27–28; Richard Cobb, *The Police and the People: French Popular Protest, 1789–1820* (London: Oxford University Press, 1970), 223.

9. H. J. Dyos and Michael Wolff, "The Way We Live Now," in H. J. Dyos and Michael Wolff, eds., *The Victorian City: Images and Realities* (London: Routledge & Kegan Paul, 1971), vol. 2, 893–907, 参考 899。

10. Conrad Gill, *History of Birmingham* (London: Oxford University Press, 1952), vol. 1, 123–124.

11. Robert E. Dickinson, *The West European City* (London: Routledge & Kegan Paul, 1961), 259.

12. Martin H. Krieger, "What's Wrong with Plastic Trees?" *Science* 179 (1973): 446–455.

13. Meyer Berger, "Roof top Gardeners Bring Forth Blossoms High Above a City of Stone and Steel," *New York Times*, April 23, 1958; reprinted in Anselm L. Strauss, *The American City: A Sourcebook of Urban Imagery* (Chicago: Aldine, 1968), 385–386; David Owen, "Green Manhattan," *New Yorker*, October 18, 2004, 111–123.

14. Jennifer Cockrall-King, *Food and the City: Urban Agriculture and the New Food Revolution* (Amherst, MA: Prometheus, 2012).

15. Wolfram Eberhard, *Conquerors and Rulers: Social Forces in Medieval China* (Leiden: E. J. Brill, 1965), 35–36.

16. Lewis Mumford, *The City in History* (New York: Harcourt, Brace & World, 1961), 128.

17. Ludwig Friedländer, *Roman Life and Manners under the Early Empire* (New York: Barnes & Noble, 1968), vol. 2, 193.

18. Gene A. Brucker, *Renaissance Florence* (New York: Wiley, 1969), 44.

19. 同上书，43。

20. Horace Sutton, "Cities in Winter [Introduction]," *Saturday Review*, January 8, 1977, 11.

21. Richard Eder, "NewYork," *Saturday Review*, January 8, 1977,

25–28.

22. Jérôme Carcopino, *Daily Life in Ancient Rome* (New Haven: Yale University Press, 1940), 47.

23. Friedländer, *Roman Life and Manners under the Early Empire*, 13.

24. Jacques Gernet, *Daily Life in China on the Eve of the Mongol Invasion, 1250–1276* (London: George Allen & Unwin, 1962), 36.

25. Leon Bernard, *The Emerging City: Paris in the Age of Louis XIV* (Durham: Duke University Press, 1970), 161–166.

26. Walter Besant, *London in the Eighteenth Century* (London: Adam & Charles Black, 1903), 91–93.

27. William T. O'Dea, *The Social History of Lighting* (London: Routledge & Kegan Paul, 1958), 98; Gill, *History of Birmingham*, 157; Matthew Luckiesh, *Artificial Light: Its Influence upon Civilization* (New York: Century, 1920), 158.

28. Oscar G. Brockett, *History of the Theatre* (Boston: Allyn & Bacon,1977), 201, 297.

29. Elizabeth Hardwick, *A View of My Own* (New York: Noonday Press, 1962), 150.

30. 关于照明的新书：A. Roger Ekirch, *At Day's Close: Night in Times Past* (New York: Norton, 2004); Craig Koslofsky, *Evening's Empire: A History of the Night in Early Modern Europe* (Cambridge: Cambridge University Press, 2010)。

31. Carcopino, *Daily Life in Ancient Rome*, 39–40.

32. Rosalind H. Williams, *Notes on the Underground* (Cambridge: MIT Press, 1990), 82.

33. 同上书，98–99。

34. Plato, *Phaedrus* 230d.

35. George Steiner, "The City under Attack," in Robert Boyers and Peggy Boyers, eds., *The Salmagundi Reader* (Bloomington: Indiana University Press, 1983), 3–4.

36. William Wordsworth, "Composed upon Westminster Bridge, September 3, 1802," *Selected Poems* (London: Penguin, 1994), 170.

37. Ada Louise Huxtable, "The Crisis in Architecture," *New York Review of Books* 27, no. 1 (1980): 29.

38. Notes and Comments, *New Yorker*, July 27, 1981, 26.

39. *Letters of Charles Lamb*, ed. Ernest Rhys (London: Everyman's Library, 1909), vol. 1, 177–178.

40. Anthony Burgess, *New York Times Magazine*, October 29, 1972.

41. Gertrude Himmelfarb, "The Culture of Poverty," in Dyos and Wolff, *The Victorian City*, 725.

42. 引自 Philip Collins, "Dickens and London," in Dyos and Wolff, *The Victorian City*, 540.

43. 同上。

44. Arthur Conan Doyle, "The Adventure of the Empty House," in *The Complete Sherlock Holmes* (Garden City, NY.: Doubleday, c. 1930), 492.

45. Robert Douglas-Fairhurst, "Are We in a New Dickensian Age?" *Oxford Today* 24, no. 2 (2012): 32–34.

46. John Pemble, "Gaslight and Fog," *London Review of Books* 34, no. 2 (January 26, 2012): 21–22.

47. Doyle, "The Naval Treaty," in *The Complete Sherlock Holmes*, 456–457; 亦见 Yi-Fu Tuan, "The Landscapes of Sherlock Holmes," *Baker Street Miscellanea* 45 (Spring 1984): 1–10。

/ 4 人 类 /

1. Camille Paglia, *Sexual Personae: Art and Decadence from Nefertiti to Emily Dickinson* (New York: Vintage Books, 1991), 55–57.

2. 同上书，69。

3. George Orwell, *Nineteen Eighty-Four* (first published in 1949; London: Compact Books, 1993), 228–229.

4. George Orwell, *The Road to Wigan Pier* (New York: Berkley Edition, 1961), 130.

5. George Woodstock, *The Crystal Spirit: A Study of George Orwell* (New York: Schocken Books, 1984), 110.

6. Robert H. Frank, *Passions within Reason: The Strategic Role of the Emotions* (New York: Norton, 1988), 212.

7. Tim Jeal, *Explorers of the Nile: The Triumph and Tragedy of a Great Victorian Adventure* (New Haven: Yale University Press, 2011), 5.

8. 同上书，18–19。

9. Apsley Cherry-Garrard, *The Worst Journey in the World* (New York: Carroll & Graf, 1989), 284, 286.

10. 同上书，284–285。

11. 同上书，249。

12. 同上书，626。

13. Christian Bobin, *The Secret of Francis of Assisi: A Meditation* (Boston: Shambhala, 1997), 31.

14. 引自 Edward A. Armstrong, *Saint Francis: Nature Mystic* (Berkeley: University of California Press, 1973), 170。

15. Julien Green, *God's Fool: The Life and Times of Francis of Assisi* (San Francisco: Harper & Row, 1985), 74.

16. Robert Coles, *Dorothy Day: A Radical Devotion* (Reading, MA: Addison-Wesley, 1987), xviii.

/ 终　曲 /

1. Martha C. Nussbaum, "Love and Vision: Iris Murdochon Eros and the Individual," in Maria Antonaccio and William Schweiker, eds., *Iris Murdoch and the Search for Human Goodness* (Chicago: University of Chicago Press, 1996), 51–52.

索 引

（此处所列均为原书页码，即本书边码）

Adam and Eve 亚当和夏娃，53，85，109

Adélie penguins 阿德利企鹅，158—159

adventure vs. home 探险与家，98—100，104—105，175

aesthetes 美学家，147，148—151，175—176

Africa，explorers in 探险家在非洲，154—155

Africans 非洲人：欧洲人对非洲人的迷恋，76—77；非洲人的噪音，71—72；非洲人对光明与黑暗的偏好，13

agriculture 农业，69，85，117—122

Agrippa 阿格里帕，132

air，mountain vs. lowland 高山与低地的空气，45

airplane flight 飞机航程，62—63

Akkadian language 阿卡德语言，118

Alexander the Great 亚历山大大帝，154

Alone (Byrd)《孤独》（伯德 著），103

Alps 阿尔卑斯山：欧洲的阿尔卑斯山，45—46，47

amateurs 业余爱好者，171—172

Amazon rainforest 亚马孙雨林，75—76

America as anti-intellectual 反智的美国，26—27

Angkor Wat (Cambodia) 吴哥窟

（柬埔寨），148
Anouilh，Jean: *Antigone* 让·阿努伊 :《安提戈涅》，110—111
Antarctic exploration 南极探险，100—101，103—105，156—157
Antigone (Anouilh)《安提戈涅》（阿努伊 著），110—111
Antioch 安提阿，128
Antony and Cleopatra (Shakespeare)《安东尼与克莉奥佩特拉》（莎士比亚 著），20—21
Apollo 17“阿波罗 17 号”，36
arctic regions 北极地区；见“冰冷之地和地区”词条
Artemidorus Daldianus 阿特米多鲁斯·达尔狄安诺斯，20—21
Asian cultures 亚洲文化，148
astronomers，ancient 古代的天文学家，15
athletes (brawn) vs. professors (brain) 运动员（肌肉）与教授（大脑），26—27
Athos，Mount (Greece) 阿索斯圣山（希腊），43—45
Atlantis 亚特兰蒂斯，54
aurora borealis 北极光，101
Australian desert 澳大利亚沙漠，84

Bacon，Francis 弗朗西斯·培根，37，170
Bambara tribe (West Africa) 班巴拉部落（西非），13
Bantu peoples (Africa) 班图人（非洲），68
Barzun，Jacques 雅克·巴赞，5—6
Bernard of Clairvaux 克莱尔沃的圣伯纳德，12
binaries 二元事物；见“极致价值”词条
Birmingham (England) 伯明翰（英国），121，129
blackness 黑暗：黑暗的正面含义，14
black vs. white 黑与白，13；亦见“黑暗与光明”词条
Blake，William 威廉·布莱克，29
The Blue Light《蓝光》（电影），48
body 躯体：作为住宅的躯体，20—23；躯体的下部，131—

132；躯体与思想，25—26，32，170，175；躯体的两极化，19—20，32
Borobudur temple (Indonesia) 婆罗浮屠寺院群（印度尼西亚），43
Borsippa (Sumer) 波尔西帕城（苏美尔），114
Boston nightlife 波士顿的夜生活，130—131
Bourgainville，Louis-Antoine de 路易斯·安东尼·布干维尔，55
Brahman，meaning of 梵的意义，18
brain vs. brawn 大脑与肌肉，25—28
Bulwer-Lytton，Edward George: *The Coming Race* 爱德华·乔治·布尔沃—利顿的著作《即临之族》，133—134
bureaucracy 官僚，16，25
Burgess，Anthony 安东尼·伯吉斯，138—139
Burke，Edmund 埃德蒙·柏克，96
Burton，Richard Francis 理查德·方济各·伯顿，154
Byrd，Richard E. 理查德·伊弗林·伯德，96—97，103—106，107，108；伯德的著作《孤独》，103

candlelight 烛光，128—129
capitalist distribution of wealth 财富的资本分配，143—144
Carcopino，Jérôme 杰尔姆·卡克皮诺，127
Carnegie Medal 卡内基奖章，152—153
Carta Marina《大洋图》，57
caste system 种姓制度，24
Catholic Worker《天主教工人》，163—164
Ch'ang-an (China) 长安（中国），115—116，118
chaos vs. form/order 乱与形/秩序，14—17，62
Charybdis 卡律布狄斯，57
Cherry-Garrard，Apsley 艾普斯雷·薛瑞—葛拉德，156—159
children as romantics 作为浪漫主义者的儿童，172
China 中国：中国宇宙/传统城市，114—117，118，148；中国的农民与游牧民，85；

中国的森林砍伐，73—74；中国的人口迁徙，74，123；中国的夜间庆祝活动，127—128；中国对回归朴素田园生活的追求，76；中国的社会分层，24—25
chivalry 骑士精神，157
Christianity 基督教：基督教对沙漠的理解，84，85—86；基督教的东正教教派，43—45；基督教中的光，11；通过痛苦获得救赎的基督教信仰，157
circle，in medieval worldview 中世纪世界观中的圆形，33—34，41
cities 城市：城市中的农业，117—122；城市内部及周边的小块土地，120—121；城市的建筑，135—137；城市之美，138—139；中国宇宙/传统城市，114—117，118，148；城市宵禁，127，128；城市黑暗面的象征意义和字面意义，140—141；以城市为背景的侦探小说，141—146；城市中精英与庶民的建筑和文化，17—18；作为人类理想的城市，135；工业化城市，120，140—142；城市光明面的象征意义和字面意义，134—140，174；城市的尊严，113；作为男性领域的城市，22—23；中世纪欧洲的城市，119—120；城市与自然，174；城市夜生活，126—131；北美城市，121；城市作为祭祀中心的城市起源，15—17，113—114，117—118；对城市的赞美，136—139；城市所承载的理性，136；文艺复兴城市，119—120，123—124；城市屋顶花园，121，174；城市季节更替，122—126；城市污水管网及地下管道，131—134；聚集于城市中的言论，135，174；海星状的城市，119；城市中的崇高体验，113；苏美尔城市，118；城市与村庄，117—118；冬季城市，123—125
civilization 文明：文明与森林，75—76；文明与和谐，16；先进与落后的文明，18；文

明与写作，76
classes，social 社会阶级，24—25，149—151
climate zones 气候分区，83—84
Cloaca Maxima (oldest sewer; Rome) 马克西玛下水道（罗马最早的下水道），132
clutter 杂乱，148
Cobb，Richard 理查德·柯布，120
Coblenz (Germany) 科布伦茨（德国），119
cold regions 寒冷地区；见“冰冷之地和地区”词条
Coles，Robert 罗伯特·克勒斯，164
Columbus，Christopher 克里斯托弗·哥伦布，54
The Coming Race (Bulwer-Lytton)《即临之族》（布尔沃—利顿著），133—134
common man/people 平民，7，17
communication technology 通讯技术，144
complexity vs. simplicity 复杂与简单，148
Conan Doyle，Sir Arthur: *Sherlock Holmes* series 阿瑟·柯南·道尔爵士所著《夏洛克·福尔摩斯》系列小说，142—146，151
Congo rainforest 刚果雨林，74—75
Conrad，Joseph: *Heart of Darkness* 约瑟夫·康拉德：《黑暗的心》，13—14，77—79
Cook，James 詹姆斯·库克，55
Copernicus，Nicolaus 尼古拉·哥白尼，32
cosmic cities 宇宙城市，15；亦见“城市”词条
cosmology 宇宙学：宇宙学地心说，35—36；宇宙学日心说，32；中世纪宇宙学，32—34，41；无限空间宇宙学，34
cosmopolitanism 国际主义，116—117；亦见“城市”词条
courtesy 礼貌，160，162
courtyard houses 院落式住宅，22
culture 文化：亚洲文化，148；作为差别对待的文化，77；

高雅与低俗的文化，17
The Cure《真情世界》（电影），34—35

Dante Alighieri 但丁·阿利吉耶里，11，54
Daoism 道教，73—74，76
darkness 黑暗：城市的黑暗面，黑暗的象征意义和字面意义，140—141；哥特式教堂中的黑暗，11—12；黑暗与光明，10—14，32，78—79，174
Day，Dorothy 多萝西·戴伊，162—165
daydreams vs. nightmares 白日梦与噩梦，12—13
De Architectura (Vitruvius)《建筑十书》（维特鲁威著），20—21
death 死亡：死亡的象征，12，13—14
the decadent 颓废派，5
degree 等级：等级的含义，18
deserts 沙漠，80—81，83—91，106—108，148
detective fiction 侦探小说，141—146
Dickens，Charles 查尔斯·狄更斯，120，140，142；《尼古拉斯·尼克尔贝》，141，145；《雾都孤儿》，141；《匹克威克外传》，141
Disney，Walt 沃尔特·迪士尼出品电影《海底两万里》，58—59
Doughty，Charles 查尔斯·道蒂，87，107
Douglas，Norman 诺曼·道格拉斯，87
Douglass，Frederick 弗雷德里克·道格拉斯，26
dream analysis 解梦，21
Dur Sharrukin (Assyria) 杜尔萨鲁金城（亚述），114
dynamite 炸药，145
Dyos，H. J. 哈罗德·J.戴欧斯，120

earth and natural environments 地球及自然环境：沙漠，80—81，83—91，106—108，148；在太空中拍摄的地球/太阳系照片，36—37；山脉，38—39，41—49；海洋，50—51，53—63；太

阳系，32—37（亦见“宇宙学”词条）；无限空间，34；地球的独特性，36；房龙所著《地理》一书中的地球及自然环境，29—30；宇宙的浩瀚，37；亦见“森林”及“冰冷之地和地区”词条
Eastern (Orthodox) Christianity 东正教，43—45
Eberhard，Wolfram 沃尔弗拉姆·艾伯哈，123
Eckhart，Meister 梅斯特·埃克哈特，86—87
ecology 生态，6
economic collapse (1825) 经济崩溃（1825年），145
Eder，Richard 理查德·埃德，125
education 教育，25—26，145—146
ego 自我，21
Einstein，Albert 阿尔伯特·爱因斯坦，177
electric lighting 电气照明，60，126，130，134
elegance 优雅，149—150，175—176
England’s theater performances 英国的戏剧表演，130
environmentalists/nature lovers 环保主义者/自然爱好者，6，161—162
equality 平等，162
“excel,” meaning of “优异” 的含义，18
explorers 探险家：探险家在非洲，154—155；作为探险家的地理学家，3，168；探险家的浪漫主义，96，153—158，167—168；维多利亚时代/爱德华时代的探险家与现代探险家，157—58

faith 信仰，162
the Fall (biblical) 人的堕落（《圣经》），41，85
The Fall of the House of Usher (Poe)《厄舍古屋的倒塌》（爱伦·坡 著），21
farms，idealized 农场：理想化农场，174—75
Farthest North (Nansen)《最远的北方》（南森 著），102
Feast of Flora 花神节，128
feminist movement 女权主义运动，23

fermeture annuelle (annual closure) 年度休业，124
Five Sacred Peaks (China) 五岳（中国），43
Florence 佛罗伦萨，123—124，127
Forbidden City (China) 紫禁城（中国），148
forests 森林，64—65，67—79：森林中的猿，67；森林与文明，75—76；森林砍伐，73—74；对森林的恐惧，69—70，74；关于遗弃森林中的孩童的民间传说，70；森林与草原，68—69；对森林的敌意，67，68；森林与人类的进化，67；森林的气味，72—73；森林保护/修复，74—75，83，173；雨林，67—68，70—76，148，173；森林与太阳/天空，73—74
France's seasonal patterns 法国的季节模式，124
Francis of Assisi，Saint 亚西西的圣方济各，159—162
Freud，Sigmund 西格蒙德·弗洛伊德，21，143
Fuji，Mount 富士山，43
Garden of Eden (biblical) 伊甸园（《圣经》），53，109—110
gargoyles 滴水嘴，12
gaslight 煤气灯，126，129，140
Genesis (Bible)《创世记》（《圣经》），10，14，109
geography 地理学：（古代）业余与（现代）专业的地理学工作，171—173；作为探险家的地理学家，3，168，169；地理学家与科学家，169；群体与个人层面的地理学，147—148，170；地理学与历史，4；地理学与家，169—170，176—177；大尺度的地理学工作，172—173；地理学的流行，169；地理学的浪漫主义，3—4，6，172—173，176—177（亦见“浪漫主义”词条）
Geography (van Loon)《地理》（房龙著），29—30
Germany 德国：德国的小块园地，121；最先普及了登山活动/将登山引入电影的德国，48—49；纳粹时期的德国，48—49，176

Gide, André 安德烈·纪德，77
glamour 魅力，131，164—165
God 上帝：作为艺术家的上帝，14，16，41—42；作为沙漠的上帝，86—87；被上帝诅咒的沙漠，85；上帝创造的陆地/海洋，53，109；上帝创造的伊甸园，109；作为光的上帝，10—11；作为不动的推动者的上帝，33
Goethe, Johann Wolfgang von 约翰·沃尔夫冈·冯·歌德，136
good society 好的社会：和谐/错乱，16—17
Gothic 哥特：教堂中的黑暗与光明，11—12；哥特与浪漫主义，5，96
Great American Desert 美洲大沙漠，84
Greeks 古希腊人：古希腊人的城市（男性）与乡村（女性）生活，23，123；古希腊人对气候分区的认知，83—84；被古希腊人低估的沙漠，83—84；作为农夫的古希腊人，110；古希腊人认为地中海把陆地分为两部分，55；古希腊人对诗歌与城市的理解，136；作为水手的古希腊人，54，110；古希腊人喜爱的戏剧，129
Greenland ice plateau 格陵兰岛的冰原，97，98，101—102
Gregory of Nyssa 尼撒的格雷戈里，44

Hammett, Dashiell 达希尔·哈米特，146
Han dynasty 汉朝，118
Hangzhou (China) 杭州（中国），128
Hardwick, Elizabeth 伊丽莎白·哈德维克，130—131
harmony vs. chaos/disorder 和谐与混乱/反秩序，16—17
Haussmann, Georges-Eugène, Baron 乔治—尤金·奥斯曼男爵，133
Heart of Darkness (Conrad)《黑暗的心》（康拉德 著），13—14，77—79
heavenly bodies 天体，33
heliocentric theory 日心说，32
Hell's Kitchen (New York City) 地狱厨房（纽约），125

hermits 隐士，86
Herodotus 希罗多德，83，154
heroes 英雄，147，151—159
Hesiod: *Works and Days* 赫西奥德：《工作与时日》，110
high vs. low 高与低，17—18，32，42—45，175—176
Himingbjörg (mythology) 海明比约格山（神话），43
historical romances 历史罗曼司，4
history vs. geography 历史与地理，4
Hitler，Adolf 阿道夫·希特勒，48—49，176
Holmes，Sherlock (fictional character) 夏洛克·福尔摩斯（虚构人物），142—146，151
Holy Grail 圣杯：对圣杯的求索，7，10，27
home 家：家与冒险，98—100，104—105，175；家的含义，169—170，176—177；家与世界，23
"Home" (Thurber)《家》（瑟伯绘），21
home economics 家园经济，6，23，177
Homer 荷马，83，154；《奥德赛》，57
housekeeping/home economics 安居/家园经济，23
houses 住宅：作为住宅的身体，20—23；住宅的女性化领域，22—23；住宅的风格，21—22
Hugo，Victor: *Les Misérables* 维克多·雨果：《悲惨世界》，132—133
Hulme，T. E. 托马斯·休姆，5
human beings 人类，147—165：美学家，147，148—151，175—176；人类与动物的道德，158—159；人类的进化，67；人类的目标，159，168；英雄，147，151—159；人类与自然，173—174；圣人，147，159—165；工人阶级，149—151
Hutton，James 詹姆斯·赫顿，84
Huxtable，Ada Louise 艾达·路易丝·赫克斯特布尔，137

icy lands and regions 冰冷之地，

92—93，95—108；冰冷之地以及冒险与家，98—100，104—105，175；南极探险，100—101，103—105，156—157；北极光，101；冰冷之地的文化/自然边界，108；关于冰冷之地与死亡的思考，105；冰冷之地与沙漠，106—108；冰冷之地的探险，95—98；穿越格林兰冰冻高原，97，98，101— 102；北极探险，97—98；穿越冰冷之地的西北航道，95；在冰冷之地提升精神修养，108；冰冷之地与壮美，96
id 私我，21
Imperial Way (Hangzhou，China) 皇道（杭州，中国），128
India’s caste system 印度种姓制度，24
Industrial Revolution 工业革命，120，140—142
Internet 互联网，144

Jason (mythology) 伊阿宋（神话），53
Jerome，Saint 圣人哲罗姆，86
Jesus 耶稣，43，86
Johansen，F. H. 乔汉森，97
John，Saint 圣约翰，10，11
journey，spiritual symbolism of 旅途的精神象征意义，53—54
Journey to the Center of the Earth (Verne)《地心探险记》（凡尔纳著），133—134
Joyce，James: *Ulysses* 詹姆斯·乔伊斯 :《尤利西斯》，175
Jupiter 木星，33
justice 正义，162

Kepler，Johannes 约翰内斯·开普勒，41
knowledge 知识，27—28，171
Kunlun (China) 昆仑山（中国），43

Lamb，Charles 查尔斯·兰姆，138
lamplight 灯光，126，128—129
Later Han Dynasty 后汉，74
Lawrence，T. E. (“Lawrence of Arabia”) 托马斯·爱德华·劳伦斯（“阿拉伯的劳伦

斯”)，87—91，107；《智慧的七柱》，89
Lean，David: *Lawrence of Arabia* 大卫·连：《阿拉伯的劳伦斯》，88
Lele people 勒丽人，69
lepers，kissing of 亲吻麻风病人，161
Les Misérables (Hugo)《悲惨世界》(雨果著)，132—133
Libya 利比亚，83
The Life and Adventures of Nicholas Nickleby (Dickens)《尼古拉斯·尼克尔贝》(狄更斯著)，141，145
light 光明：城市的光明；光明的象征意义和字面意义，134—140，174；光明与黑暗，10—14，32，78—79，174；上帝是光，10—11；哥特式教堂中的光明，11—12；城市中的照明，126，128—130，134—135，140；智慧及精神层面的光明，134—135，174
Linnaeus，Carolus 卡尔·林奈，160
Livingstone，David 戴维·利文斯通，3，4，154，155，157
London 伦敦：17世纪的伦敦，119—120；工业化的伦敦，140—141；伦敦的照明，128—129；对伦敦的赞美，138；伦敦经济衰退(19世纪80年代)，145；伦敦的污水管网及地下管道，134
Los Angeles 洛杉矶，121
lowland people 低地居民，45—46

maelstroms 大漩涡，57
The Magic Mountain (Mann)《魔山》(托马斯·曼著)，46
Malagasy tribe (Madagascar) 马尔加什(马达加斯加)，13
malefic miasmas 邪恶的瘴气，72—73
Mallory，George 乔治·马洛里，168
Mann，Thomas: The Magic Mountain 托马斯·曼：《魔山》，46
Mars 火星，33
marshes/swamps，conquest of 对沼泽/湿地的征服，126

Marvell, Andrew: "Upon Appleton House" 安德鲁·马维尔 :《论艾波顿庄园》, 21
Mary's association with Athos 圣母玛利亚与阿索斯圣山的关联, 44
Matthew, Saint 圣马太, 13
Mayhew, Henry 亨利·梅休, 140, 142
Mbuti Pygmies (Congo) 姆布蒂俾格米（刚果）, 67—68
McCullough, Billie Joe 比利·乔·麦卡洛, 152—153
men as romantic 浪漫的男性, 23
The Merchant of Venice (Shakespeare)《威尼斯商人》（莎士比亚 著）, 33—34
Mercury 水星, 33
Meru, Mount (India) 须弥山（印度）, 42—43
mind vs. body 思想与身体, 25—26, 32, 170, 175
misanthropy 厌世, 87
Mongols 蒙古人, 128
monks as non-romantic 僧侣是不浪漫的, 27
Moon 月亮, 33
Moses 摩西, 85
mountain climbing 登山, 46—49, 176
Mountain of Destiny《命运之山》, 48
mountains 山, 38—39, 41—49
Mumford, Lewis 刘易斯·芒福德, 123
music and architecture 音乐与建筑, 136
music of the spheres 宇宙的音乐, 177
mysticism 神秘主义, 168
mystique of the mind 思想的奥秘, 25—26

Nansen, Fridtjof 弗里乔夫·南森, 96—103, 105, 108;《最远的北方》, 102
National Academy (China) 翰林院（中国）, 116
National Geographic《国家地理》, 169—170
nature 自然, 108, 173—174; 亦见地球及自然环境
nature lovers/environmentalists 自然爱好者/环保主义者, 6, 161—162
Nazis 纳粹, 48—49, 176

Nefertiti，Queen 娜芙蒂蒂王后：雕像，148—149
Nero 尼禄，154
New Testament，mountains in《新约》中的山，43
Newton，Sir Isaac 艾萨克·牛顿爵士，41
New York City 纽约：纽约的夜生活，130；对纽约的赞美，137—139；纽约的屋顶花园，121；壮美的纽约，139—140；纽约的冬季，125
New Yorker《纽约客》，137—138
New York Times《纽约时报》，121
night illumination 夜间照明；见“光明”词条
nightmares vs. daydreams 噩梦与白日梦，12—13
Nile，source of 尼罗河的源头，154—155，157
1984 (Orwell)《一九八四》(奥威尔 著)，150
North Pole exploration 极地远征，97—98
North Star 北极星，15，16
Northwest Passage 西北航道，95
Nupe tribe (Nigeria) 努普部落(尼日利亚)，13

Ocean (mythology) 大洋河(神话)，54，61
oceans 海洋，50—51，53—63
Odysseus (mythology) 奥德修斯(神话)，53
The Odyssey (Homer)《奥德赛》(荷马 著)，57
Oliver Twist (Dickens)《雾都孤儿》(狄更斯 著)，141
Olympus，Mount 奥林匹斯山，43
organic farming 有机种植，122
Orwell，George 乔治·奥威尔，18，151；《一九八四》，150
Our Lady 圣母：圣母崇拜，160

Paglia，Camille 卡米尔·帕格里亚，148—149
papal power 教皇权力，25
Paris 巴黎：巴黎夜生活，128；巴黎大革命时期，120；巴黎的污水管网及地下管道，132—133，134
Parthenon 帕特农神庙，136

Pascal, Blaise 布莱士·帕斯卡，34
passion 热情，176
Peloponnesian War 伯罗奔尼撒战争，123
Pillars of Hercules 海格力斯之柱，54
Plato 柏拉图，19—20，54
Poe, Edgar Allan 埃德加·爱伦·坡，57—58；《厄舍古屋的倒塌》，21；《泄密的心》，21
poetry, reason embodied by 诗歌所承载的理性，136
polarized values 两极化价值，9—28；身体、住宅与空间，20—23；大脑与肌肉，25—28；乱与形/秩序，14—17，62；黑暗与光明，10—14，32，78—79，174；人类身体的两极化价值，19—20，32；孤立的小群体和复杂的大社会的两极化价值，170—171；低与高，17—18，32，42—45，175—176；对两极化价值的概述，9—10；两极化价值与浪漫主义，6—7，27—28；社会地位的两极化价值，24—25
polar regions 极地；见“冰冷之地和地区”词条
Pontine Marshes (Italy) 蓬蒂内沼泽（意大利），126
The Posthumous Papers of the Pickwick Club (Dickens)《匹克威克外传》（狄更斯 著），141
Pound, Ezra 埃兹拉·庞德，139
Primum Mobile (first rotating sphere) 原动天（最初旋转的天球），33
protohumans 原人，67

quests 求索：对美德的求索，176；对圣杯的求索，7，10，27；求索公正，162；通过求索获得知识，27—28；求索的浪漫主义，27—28，153—154，167，176；对尼罗河源头的求索，154—155，157

rainforests 雨林，67—68，70—76，148，173
ranch houses 牧场平房，21—22
rebels 反叛者，110—111

recession (1880s) 经济衰退（19世纪80年代），145
redemption through suffering 通过痛苦获得救赎，157
religious plays 宗教戏剧，129—130
Revelation (Bible)《启示录》（《圣经》），53
revolutionaries 革命者，162
Reynie，Gabriel Nicolas de la 加布里埃尔·尼古拉斯·德·拉·勒尼，128
Richard II (Shakespeare)《理查二世》（莎士比亚 著），36
Richard III (Shakespeare)《理查三世》（莎士比亚 著），56
Riefenstahl，Leni: *Triumph of the Will* 莱尼·里芬斯塔尔：《意志的胜利》，48—49
roads 道路，45
Rockies，American 美国落基山，46
romanticism 浪漫主义：孩童的浪漫主义，172；浪漫主义与常识，153；探险家的浪漫主义，96，153—158，167—168；地理学的浪漫主义，3—4，6，172—173，176—177；浪漫主义的魅力，164—165；英雄的浪漫主义，153；浪漫主义与民族主义，176；浪漫主义的持续存在，7；旨在超越寻常的浪漫主义，117；浪漫主义的特征，5—6；圣人的浪漫主义，159—160，164—165；壮美的浪漫主义，5，6，171；世界与家的浪漫主义，23；亦见“求索”词条
Rome，ancient古罗马：古罗马的城市与乡村生活，123；古罗马的夜生活，127，128；古罗马的污水管网，132；在古罗马享受的奇观，129
Roots (Wesker)《根》（韦斯克 著），111—112
rural life，clichés of 描述乡村生活的陈词滥调，174—175

Sacred Mountain《圣山》，48
saints 圣人，147，159—165
saints' halos 圣人的光环，11
sanatoria，mountain 山区疗养院，45—46
Saturn 土星，33

Schopenhauer, Arthur 阿图尔·叔本华，47
Scientific American《科学美国人》，169
scientists 科学家：科学家的目标/动力，168—169；亦见“探险家”词条
Scott, Robert Falcon 罗伯特·法尔肯·斯科特，156
Scott, Sir Walter 沃尔特·司各特爵士，4，157
Scylla 六首怪物斯库拉，57
Seven Pillars of Wisdom (Lawrence)《智慧的七柱》（劳伦斯著），89
sewers 污水管网，132—133
Shackleton, Ernest 欧内斯特·沙克尔顿，3，100—101
Shakespeare, William 威廉·莎士比亚，54，110；《安东尼与克莉奥佩特拉》，20—21；《威尼斯商人》，33—34；《理查二世》，36；《理查三世》，56
Shoumatoff, Alex 亚历克斯·肖马托夫，71
simplicity vs. complexity 简单与复杂，148
Simpson, J. H. 詹姆士·赫韦·辛普森，85
Sinai Desert 西奈荒地，86
social reformers 社会改革者，162
social status 社会地位，24—25
Socrates 苏格拉底，135
SoHo (New York City) 苏豪区（纽约），125
solar system 太阳系，32—37；亦见“宇宙学”词条
soul 灵魂，19—20，86—87
Spain's daytime theater performances 西班牙的日间剧场演出，130
Speke, John 约翰·汉宁·斯皮克，154
Spenser, Edmund 埃德蒙·斯宾塞，20
spontaneity 自发动力，176
Stanley, Henry Morton 亨利·莫顿·史丹利，154
Stellatum (region of fixed stars) 恒星天（不动天体的区域），33
Strabo 斯特拉波，83
the sublime 崇高：崇高的定义，96；崇高与登山，46—49，

176；崇高与浪漫，5，6，171
Suger of Saint-Denis 圣丹尼主教苏热，11—12
Sui dynasty 隋朝，115
Sumerian language 苏美尔语，118
Sumerians，ancient 古苏美尔人，109
Sun 太阳，33
superego 超我，21
"superior，" meaning of "优越"的含义，18
survival 生存，6，67，151，159，167
sustainability 可持续发展，6
Sutton，Horace 贺拉斯·萨顿，124—125
symmetry，human partiality for 人类对对称性的偏袒，55
systematic knowledge 系统知识，171

Tai Shan (China) 泰山（中国），43
telegraph 电报，144
The Tell Tale Heart (Poe)《泄密的心》（爱伦·坡著），21
terrorism 恐怖主义，145
theatre，daytime 日间剧场，129—130
Thesiger，Wilfred 威弗瑞·塞西格，87，107
Thurber，James: "Home" 詹姆斯·瑟伯:《家》，21
Titanic (passenger liner) "泰坦尼克号"（客轮），61—62
Toynbee，Arnold J. 阿诺德·J. 汤因比，6—7
Triumph of the Will (Riefenstahl)《意志的胜利》（里芬斯塔尔导演），48—49
Turnbull，Colin M. 科林·麦克米兰·特恩布尔，68
Twenty Thousand Leagues under the Sea (film; Disney)《海底两万里》（电影；迪士尼出品），58—59
Twenty Thousand Leagues under the Sea (novel; Verne)《海底两万里》（小说；凡尔纳著），58—61
Twenty Thousand Leagues under the Sea (ride; Disney World) "海底两万里"（游览项目；

迪士尼乐园），59
Ulysses (mythology) 尤利西斯（神话），54
Ulysses (novel; Joyce)《尤利西斯》（小说；乔伊斯 著），175
unemployment 失业，145
universities 大学，25—26
"Upon Appleton House" (Marvell)《论艾波顿庄园》（马维尔 著），21
urban agriculture 都市农业，121—122

van Loon, Hendrik Willem: *Geography* 亨德里克·威廉·房龙 :《地理》，121—122
Venus (planet) 金星，33
Venus of Willendorf 维伦多尔夫的维纳斯，148—149
Verne，Jules 儒勒·凡尔纳 :《地心探险记》，133—134 ;《海底两万里》，58—61
vitalism 活力，149—150，151
Vitruvius: *De Architectura* 维特鲁威 :《建筑十书》，20—21
von Simson，Otto 奥托·冯·西姆森，11
Voyager 1"旅行者1号"，36—37

wasteland，conquest of 对荒地的征服，126
Wesker，Arnold: *Roots* 阿诺德·韦斯克 :《根》，111—112
white 白色：积极/消极的含义，13—14
The White Hell of Piz Palü《奇峰帕鲁的银色地狱》，48
white vs. black 白色与黑色，13；亦见"黑暗与光明"词条
Wilson，Bill 比尔·威尔逊，157—158
witches' mountain homes 女巫的山间居所，42
Wolff，Michael 迈克·伍夫，120
women as unromantic 不浪漫的女人，23
Wordsworth，William 威廉·华兹华斯，136，138，177
working-class people 工人阶级，149—151
Works and Days (Hesiod)《工作与时日》（赫西奥德 著），

110
writing and civilization 写作与文明，76
yang (light，day，sun) 阳（光明，白日，太阳），13
Zhou dynasty 周朝，123
Zhou Li (Book of Rites)《周礼》, 114
Zoroastrianism 拜火教，85